KB074371

IT경영 전략

杉浦 司

『よくわかるITマネジメント』

YOKUWAKARU IT MANAGEMENT

ⓒ TUKASA SUGIURSA 1999

Originally published in Japan in 1999 by NIPPON JITSUGYO PUBLISHING CO.,
LTD.

Korean translation rights arranged through

TOHAN CORPORATION, TOKYO and BESTUN KOREA AGENCY, SEOUL

Management & Strategy

IT 경영 전략

스기우라 츠카사 지음
황동언 옮김

이미지북

글머리에

　최근 'IT 혁명', 'IT 투자'라는 말을 모르는 사람이 없을 정도로 이미 우리들의 귀에 익숙해져 있다. 세계적인 다국적 기업을 비롯하여 우수한 대기업에서부터 벤처기업에 이르기까지 '신경제 시대의 치열한 경쟁에서 살아남기 위해서는 IT(정보기술) 분야의 강화가 불가결하다'는 인식을 공유하고 있다. 따라서 인터넷을 비롯한 IT의 발전으로 인해 앞으로 기업을 둘러싼 경영 환경이 크게 변화하고 있다.

　이미 공급망관리(SCM : Supply Chain Management)가 기업 간의 장벽을 허물고 정보 공유와 기능 제휴를 실현하고 있으며, 전자상거래(EC : Electronic Commerce 또는 e-commerce)가 고객 관계를 더욱 강화하고 있으며, SFA(Sales Force Automation)가 영업 스타일을 과학적인 행동 스타일로 변혁시키고 있다.

　또한 전통적인 회계도 ABC(Activity Based Costing : 활동시점원가계산)의 등장으로 인해 전략적 경영 분석 수단으로 전환하고 있다. '공급망관리', 'e-커머스', 'SFA', 'ABC' 등 앞으로 경영을 좌우할 키워드는 모두 이 책의 주제인 'IT'의 성장과 함께 등장·발전해 온 경영 관리 기법이다.

'IT 혁명'의 정체

이 책에서 다루는 'IT'란 기존의 기업 정보화와는 차원이 다른 것이다. 지금까지 '컴퓨터 활용'이라고 하면 업무 효율화에 의한 생산성 향상을 꾀하는 것이 전부였다. 즉, 전표의 자동 집계나 자동 계산과 같이 인적 작업을 줄여서 비용 절감이나 사무 처리 업무의 향상을 실현한 것이 고작이었다.

그러나 'IT 경영'은 '인터넷을 "가치 네트워크(Value Network)"라는 새로운 경영 혁신으로 파악하고, 기업 또는 개인이 가장 경쟁력 있는 분야를 특화하여 부가가치(Value)를 생산하고, 창조한 부가가치를 필요한 분야에 언제든지 제공할 수 있는 네트워크 체제로 진화하는 것'이다.

IT는 이제 단순한 비용 절감을 위한 도구가 아니라 이익 창출을 위한 도구가 되고 있다. 컴퓨터를 사무 처리에만 이용하고 있는 기업(=업무 효율화 수준)과 인터넷이나 데이터베이스에 관련된 최신 소프트웨어를 활용하여 판매나 생산 활동을 재편하고 있는 기업(=이익 창출 수단으로 IT를 전략적으로 사용) 사이에는 이미 좁힐 수 없는 경쟁력의 차이가 생기고 있다.

GIS(지리정보시스템)를 도입하고 있는 기업은 자기 회사의 영업권 내에서 기존 고객이나 영업중인 고객, 잠재 고객층 또는 경쟁업자의 분포 상황을 확실히 파악하고 있다.

또한 상품을 구입할 때마다 점수가 쌓이는 포인트 카드 등으로 고객 정보를 데이터베이스화하고 있거나 인터넷상에 인터넷 쇼핑몰을 도입하고 있는 업체는 옛날 고객의 구매 데이터를 토대로 고객의 기호를 분석하고 있다.

PC 전문 제조회사인 델컴퓨터는 공급망관리 시스템을 구축해 세계 시장을 석권했다. 델컴퓨터는 IT를 이용하여 고객이 원하는 상품을 다른 어느 곳보다 빨리 고객에게 배달해주는 생산 ― 물류 구조를 구축했다. 일종의 새로운 '판매·제조 방식인 비즈니스 모델'을 만들어낸 것이다.

마이클 델 사장은 '어떤 상품이든 팔 자신이 있다'고 했다. 그는 그야말로 '비즈니스 모델'을 구축해 컴퓨터 업계에서 승리한 것이다.

그리고 더욱 놀라운 것은 현재 이런 IT를 활용한 '비즈니스 모델'이 지적 소유권 대상으로 특허에 의해 보호되고 있다는 사실이다. 즉, 일종의 '승리 패턴'이 되는 비즈니스 모델을 구축한 기업은 동일한 비즈니스 방식(= 비즈니스 모델)을 바탕으로 경쟁사보다 경쟁 우위에 설 수 있게 되었다.

앞으로는 우량 기업간의 전략적 제휴로 가격과 품질면에서 과거와는 비교할 수 없는 상품이나 서비스가 제공될 것이며, 인터넷은 시장 정보가 부족했던 20세기 사회를 풍부한 정보를 가진 시장으로 탈바꿈시킬 것이다. 21세기는 인터넷으로 잠재 수요를 발굴할 수 있는 희망의 시대이다.

이런 모든 일들은 절대 꿈같은 얘기가 아니다. IT를 활용하여 새로운 비즈니스 모델을 구축한 기업이나 또는 구축하려고 하는 기업이 이미 실감하고 있는 사실이다.

IT 경영이 기업을 '승자'와 '패자'로 이분화 한다

이미 새로운 시대가 경영의 패러다임을 바꾸고 있다. IT를 활용한 새로운 비즈니스 모델을 확립할 수 없는 기업은 몰락하고, 새로운 시대의 비즈니스 모델을 확립한 기업이 새로운 경제를 이끌어가고 있다.

그동안 필자가 시스템 컨설턴트로 경험해왔던 사실에 비추오 보면, 지금은 그야말로 '승자'와 '패자'의 명확한 분리가 일어나고 있다. 즉, 기업이 IT를 활용해 승리하기 위한 구조(비즈니스 모델)를 구축한 시점 또는 구축하기 시작한 시점에서 이미 승부가 갈렸다고 할 수 있다.

만약 경쟁사회의 승자로 살아남고자 한다면 자기 회사의 강점을 재확인하거나 다시 창업해야 한다. 핵심 사업은 최대한 강화해서 그 분야의 제 일인자가 되고, 핵심 사업이 아닌 부분은 과감히 정리해 그 분야의 최고 기업과 제휴해야 하는 것이다. 즉, 어떤 분야에서라도 최고가 되어야 한다.

'지역에서 최고'이든 '한 가지 부품의 생산 기술만 최고'이든, 다른 사람이 가치를 발견할 수 있는 기업이면 된다. 이를 위해서는 기업 규모를 축소해야 하거나 자사의 제품 생산을 포기해야 할지도 모른다. 경우에 따라서는 M&A도 필요할 것이다. 그러나 시장에서 최고가 될 수 있는 분야를 발견할 수 있다면, 21세기에는 수요를 압도적으로 끌어올릴 수 있을 것이다.

행동력 있는 경영자는 IT 경영으로 향한다

승자의 위치에 설 수 있는 경영자는 행동력 있는 경영자다. 즉, 급변하는 새로운 시대의 변화를 파악하여 가치 창조에 매진하는 경영자인 것이다.

가치를 창출하는 것은 고객이며, 그 가치를 제공하는 것은 사원이다. 그리고 투자가는 그 가치를 평가할 것이다. '만들면 팔린다, 팔리도록 광고한다'는 방식은 이제 더 이상 시장에서 통하지 않는다.

고객의 가치 요구를 파악해서 사원이 최고의 가치를 제공하는 기반을 확립해 자기 회사의 가치를 폭넓게 알리기 위해서는, 인터넷이나 데이터베이스를 중심으로 하는 IT 활용이 필수적이다.

이 책은 단순한 경영 서적도, 그렇다고 정보기술(IT) 해설서도 아니다. 21세기의 세계 시장을 재패하기 위한 IT 경영의 필요성을 인식시키고, 그 활용을 현장에 접목시킬 수 있는 방법을 제시하는 것을 목적으로 하고 있다. 필자가 예상하는 주요 독자는 바로 치열한 세계 시장에서 살아남기 위해 승리를 지향하는 최고경영자나 관리자들이다.

그러나 이 책은 IT 경영에 대해 좀더 깊이 알고자 하는 중간 간부나 IT 경영에 관심 있는 사람들의 편의를 위해 그림과 도표를 많이 삽입하여 이해를 돕고 있다.

이 책이 우리나라의 전략적 IT 활용 비즈니스 모델 구축에 공헌할 수 있었으면 한다. 이 책을 읽은 독자들이 승자의 IT 경영에 대해 깊고 폭넓게 이해해 최고의 솔루션 벤더(Solution Vender)로서 최강의 비즈니스 모델을 구축할 수 있기를 바라는 마음이다.

마지막으로 이 책의 출판을 위해 최첨단 경영 관리 기법을 가르쳐주신 고베(神戶)대학 대학원 경영연구소 오시마 겐지(小島健司) 교수, 최신 IT에 관한 정보를 제공해준 소프트뱅크, 소프트뱅크 테크놀로지에 심심한 경의를 표한다.

시스템 분석가 스기우라 츠카사

목 차

제6장 IT에 의한 기업 혁신 절차

Case & Topics

Management
&
Strategy

제1장

기업 경영에서의 IT 역할

지금까지 IT(정보기술)는 기업 경영을 위한 도구로만 이해되어 왔다. 그러나 21세기 IT는 기업 경영 스타일 자체를 규정하는 경영 환경으로서도 인식할 필요가 있다. 경영 전략을 세우는데 IT의 존재가 크게 영향을 미치는 것이다.

20세기 경영 전략은 '만들면 팔리는' 프로덕트 아웃(Product out)시대에서 '팔리는 것을 만드는' 마케팅 시대로 변화했다. 그러나 21세기는 인터넷 기술 발전 등의 IT에 의해 다시 '필요한 것만 만드는' 시대로 발전하고 있다.

'필요한 것만 만드는' 시대에 아이러니한 것은 지금까지 무시되어 왔던 불만족 고객층이 고객화됨으로써 급성장하는 기업이 속출하고 있다는 점에 있다.

델컴퓨터나 아마존닷컴을 비롯해 '필요한 것만 만든다'는 새로운 경영 컨셉으로 성공을 거둔 벤처기업은 IT를 경영에 활용해 성공한 좋은 사례로 주목해야 할 것이다.

'필요한 것만 만든다'는 말은 다시 말하면, '가치 있는 것만 만든다'는 뜻이 된다.

이를 위한 구체적인 방법으로는 BPR이나 ABC, 공급망관리 등 가치를 창출하기 위해 필요한 경영 조직이나 경영 관리 혁신 방식이 있다.

1 인터넷에 의한 비즈니스 모델 혁명과 IT
강한 기업끼리 전략적으로 제휴하는 사회의 도래

◆ 인터넷이 불러일으키는 IT 혁명

국경을 초월하여 순식간에 정보를 교환할 수 있는 인터넷만큼 21세기 사회 변화를 예감하게 하는 것은 없다.

인터넷상의 웹 사이트에는 URL 주소가 있으며, 인터넷 이용자는 e메일 주소를 갖고 있다. 이 주소로 전 세계의 기업이나 개인끼리 '상대를 특정하여 의사소통을 할' 수 있는 것이다.

그럼, 인터넷이 과연 무엇을 변화시키고 있을까?

PC 제조회사인 델컴퓨터는 프리미어 페이지(Premier page)라고 부르는 수천에 달하는 거래처 고객의 전용 웹 사이트를 운용하고 있으며, 서적을 판매하는 아마존닷컴은 구입 고객 개개인의 구매 이력에 맞춘 서적 정보 메일을 제공하고 있다.

양사의 공통점은 인터넷을 단순한 정보 시스템의 연장으로 파악한 것이 아니라, 거래처 — 고객 — 자기 회사를 유기적으로 연결시킬 수 있는 전략적 IT로 파악하고 있다는 점이다.

또한 두 회사의 홈페이지는 '고객 관련 부문에만' 머무르지 않고, 모든 공급 사슬 부문이 인터넷으로 연결되어 있다.

홈페이지에서 접수된 고객의 주문은 회사의 수주 시스템에

인터넷으로 모든 기업과 고객이 연결되는 시대로

등록됨과 동시에 부품업체에까지 정보가 곧바로 전달된다. 그리고 물류를 담당하는 페더럴 익스프레스(Federal Express)로의 배송 지시까지 인터넷으로 하고 있기 때문에, 경쟁사가 도저히 흉내 낼 수 없는 납기 사이클을 실현하고 있다. 이것은 모두 '인터넷이라는 IT가 있기 때문에 비로소 가능해진 새로운 제휴 형태'다.

홈페이지를 이용한 수주 시스템이나 상품 정보 데이터베이스, 납기 응답 시스템, e메일이나 전자회의에 의한 고객 대응 등 델컴퓨터나 아마존닷컴처럼 인터넷을 활용하는 선진 기업이 구축하고 있는 e-커머스(전자상거래) 구조를 모방하는 것은 별로 어렵지 않다.

◆ 가치 네트워크에 의한 비즈니스 모델 재편

델컴퓨터와 아마존닷컴의 비즈니스 모델은 자기 회사 — 고객 — 거래처를 모두 인터넷으로 연결해, 마치 사람 몸속의 신경망처럼 일체화되어 활동한다는 점에 특징이 있다.

고객이나 거래처는 모두 가치를 창출해 나가기 위한 파트너이며, 아무도 손해를 보지 않는 가치 창조 지향 관계, 즉 '가치 네트워크(Value Network)'를 형성하고 있다.

2 IT 중시 기업에 의한 새로운 조류
벤처 주식시장에 '승자'가 모일까?

◆ IT가 시장을 '승자'와 '패자'로 이분화 한다

인터넷 기술을 중심으로 한 IT는 기업의 비즈니스 스타일까지 변화시키고 있다. 지금까지 기업의 경쟁 전략은 자사의 포지션을 '리더(Leader)', '챌린저(Challenger)', '니처(Nicher)', '팔로워(Follower : 추종 기업)'로 구분하는 것에서 출발해왔다.

그러나 가장 경쟁력 있는 어떤 한 분야를 집중 특화하는 전략을 펴는 기업이 등장하고, 인터넷이 보급됨에 따라 이 기본적인 틀 안에서 경쟁 전략을 생각한다는 것은 무의미해지고 있다. 이용자가 인터넷을 이용해 가장 우수한 기업을 쉽게 찾아낼 수 있게 되면서, 바로 그런 기업이 시장을 석권하게 되었기 때문이다.

델컴퓨터나 아마존닷컴이 등장한 시장(PC·서적 판매 시장)은 단숨에 그 세력 판도가 뒤바뀌었다. 그들은 자기 회사에서 가장 경쟁력 있는 한 분야를 집중 특화하는 넘버원 전략을 채택함으로써 업계의 '리더'로서 고객을 사로잡고, '챌린저', '니처', '팔로워'가 들어갈 여지를 거의 남겨놓지 않았다. 말하자면 '승자' 기업이 다른 기업을 단숨에 '패자'로 전락시킨 것이다.

기업의 포지션별 '향후 생존 가능성'

리 더

자기 회사가 속한 시장에서 1위 자리를 확보하기 위해 타사가 흉내 낼 수 없는 상품과 서비스 제공력을 유지해 브랜드 우위를 다질 필요가 있다. 압도적으로 우위를 차지하는 사내 자원(resource), 시장 점유율을 무기로 타사보다 앞서서 공급망관리와 가치 네트워크 전략을 추진하여 2위 이하 기업과의 간격을 벌릴 필요가 있다. 비즈니스 모델의 변혁에 뒤늦은 리더 기업은 챌린저 이하에게 추월당할 가능성이 있다.

챌린저

챌린저 기업은 시장에서 리더와 같은 전략을 리더 이상으로 추진할 필요가 있다. 집중 특화 전략은 리더 기업으로 비약할 절호의 기회가 된다. 기존의 리더 기업과 챌린저 기업 중에서 넘버원 가치를 갖는 기업끼리 제휴하는 새로운 리더 기업을 형성하는 것도 생각할 수 있다. 한편, '자기 회사가 가장 경쟁력 있는' 부분에 초점을 맞춘 비즈니스 모델을 구축할 수 없는 기업은 결국 시장에서 퇴출되는 운명을 맞이할 것이다.

니 처

리더, 챌린저가 상품과 서비스를 제공하지 않는 틈새 시장에서 비록 규모는 작지만 우위성을 가진 니처 기업은 규모가 작아도 특정 분야에 넘버원 부분을 갖고 있기 때문에, 자기 회사가 가장 경쟁력 있는 분야를 더욱 강화함으로써 승자로 살아남을 가능성이 높다. 그러나 리더 기업이나 챌린저 기업 중에서도 한 분야의 특화 전략을 펴는 기업이 나올 위험도 존재한다.

팔로워

시장에서 리더와 챌린저에 의해 발굴된 구매 수요를 유사품, 저가격화 전략으로 대응하는 팔로워 기업은 향후 생존 가능성이 아주 낮다고 할 수밖에 없다. 인터넷상의 포털(야후 등 웹 사이트 검색 엔진)이나 에이전트(자동차 구매 에이전트 서비스 Carpoint 등)가 고객에게 충실한 정보를 제공해서 고객이 2위 이하의 제품을 선택할 가능성이 낮아지기 때문이다.

◆ 넘버원 전략 = 핵심 업무로의 특화

아이치(愛知)현에 본사를 둔 '총무시스템서비스'(아이치 본사)는 앞으로 승자 기업에 대한 총무 지원 서비스의 영업을 전개해 나갈 계획이다.

가장 경쟁력 있는 부분을 집중 특화하여 회사의 사활을 거는 '승자' 지향의 기업은, 핵심 업무(Core Competence, 사업의 중심이 되는 업무)만 남기고 간접 업무는 외부 전문 업체에게 아웃소싱하는 추세이다.

따라서 총무시스템서비스는 이러한 기업에 연봉제 도입이나 인사 혁신 등 고도의 업무 지원을 수행하는 것이다.

◆ 주목받는 벤처 주식시장

'마더스', 'VIMEX', 신설되는 '나스닥재팬'이라는 비상장 주식시장에는 벤처기업 등 선진 기업들이 많이 모일 것이다. 선진 기업들 중에서 새롭게 '승자만의 시장'이 창출될지도 모른다. 마찬가지로 우량 고객이나 거래처도 미공개 주식시장 속에 있으며, 수요자나 공급자도 그 속에서 생겨나는 것이다.

결국 세계 시장의 판도는 앞으로 치열한 경쟁에서 살아남은 승자 그룹과 시장 경제의 흐름을 읽지 못한 패자 그룹으로 경제가 양극화될지도 모른다.

3 공급 사슬에서 가치 네트워크로
왜 공급망관리가 주목받고 있나?

인터넷의 등장으로 홈페이지나 e메일을 이용하여 기업간에도 실시간으로 정보를 공유할 수 있게 되었다. 인터넷으로 거래 관계가 있는 기업끼리 서로의 정보를 공유하면, 기업간에 중복되어 있는 업무를 공동화하여 서로의 업무 흐름을 연결할 수 있는 것이다.

◆ 정보 공유로 재고량을 줄인다

그 일례로 들 수 있는 것이 일본의 아지노소제너럴푸드와 슈퍼마켓 헤이와도(平和堂)의 자동보충시스템(CRP : Continuous Replenishment Program)이다.

이 자동보충시스템은 헤이와도의 지난 13주간 출하 데이터를 기초로 산출된 일주일간의 수요 예측이 아지노소제너럴푸드에 직접 송신되면, 아지노소제너럴푸드는 상품을 일주일에 세 번 공장에서 도매상을 경유하지 않고 직접 헤이와도 물류 센터로 납품하는 것이다.

이 시스템은 1997년 4월부터 실시되고 있는데, 헤이와도는 이를 통해 재고량이나 물류 센터 비용을 약 20%나 절감하는데

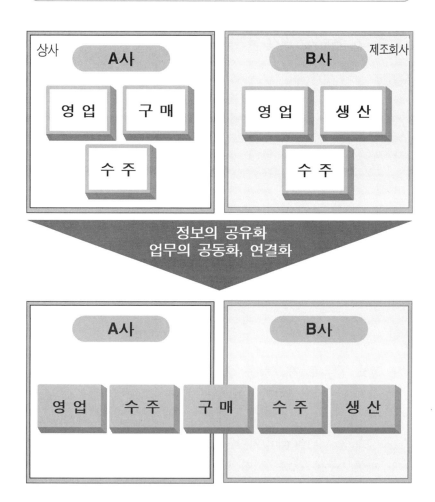

공급망관리에 의한 기업간 제휴

성공했으며, 아지노소제너럴푸드도 배송을 직접 컨트롤 할 수 있게 되었다.

자동보충시스템은 '기업과 기업이 서로를 믿고 쌍방의 업무 흐름을 연결시키는' 것으로, 기존의 상식으로는 생각할 수 없었던 방법을 신중하게 적용한 성과라고 할 수 있다.

그런 점 때문에 '기업끼리 서로 대립하는' 관계라는 인식에서 '최종 고객을 공유하고 있기 때문에 상호 협력해야 한다'는 쪽으로 인식 전환이 이루어지고 있다.

◆ IT로 실현한 공급망관리

공급망관리(Supply Chain Management)란, 바로 이런 기업끼리 또는 최종 고객을 공유하는 공급자끼리 서로 제휴하여 제휴 기업 모두의 비용 경쟁력이나 상품 판매력을 한 단계 끌어올리려는 것이다.

그리고 기업간에 실시간으로 정보를 공유하며, 업무 기능을 기업에서 기업으로 직접 연결시키는 것은 인터넷을 이용한 최신 IT로 아주 간단히 실현할 수 있게 되었다.

고객 지향으로 발상을 전환하여 공급자와의 전략적 제휴를 추진해 나가려고 결심한 기업이, 뜻을 같이 하는 파트너 기업과 제휴가 이뤄짐에 따라 짧은 시간에 다른 동종 기업보다 앞서 나가는 상황이 현실적으로 일어나고 있다는 것이 공급망관리가 주목받는 이유이자 두려움이기도 하다.

가격 설정을 비공개로 하는 기업이라면, 거래처는 물론이고 고객에게조차 가격 구성을 공개하는 공급 사슬 활용형 기업을 상대로 가격이나 신용면에서 절대 이길 수 없다.

4 고객과 함께 가치를 창출하는 가치 네트워크
델컴퓨터가 구축한 공급망관리의 위력

◆ **고객과 거래처를 하나의 '파트너'로**

'최종 고객을 함께 공유하는 사이라는 관점에서 공급자끼리 제휴한다'는 공급 사슬의 사고를 세상에 널리 알린 것은 델컴퓨터이다.

델컴퓨터는 PC를 판매할 때 고객에게 직접 판매하는 홈페이지를 제공하거나 BTO(Build To Order)라고 불리는 수주 생산 방식으로 교체하는데 성공했다.

델컴퓨터는 현재 고객과 부품 공급회사에 각각 전용 홈페이지를 제공하여,

① 고객에게는 상품 정보나 납기일, 배송 정보를 제공하고 주문 접수를 발신

② 부품 공급회사에게는 델컴퓨터에서 고객이나 판매 동향, 생산 계획, 수요 예측, 생산 진척 상황, 부품 재고 등의 정보를 발신

③ 부품 공급회사에서는 부품의 납기일이나 가격, 공급 능력, 생산 진척 상황, 생산 계획을 송신

등의 정보를 교환하고 있다.

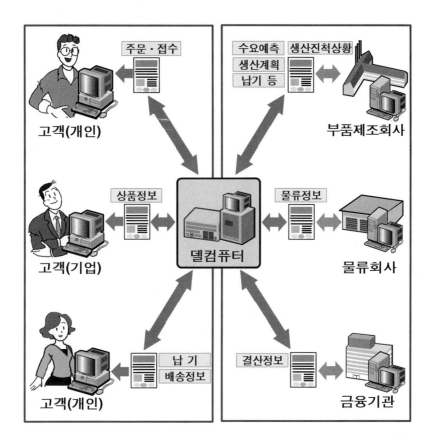

물류 정보는 페더럴 익스프레스와 공유하여 수주에서부터 생산, 물류, 자재 준비에 이르기까지 일관된 관리 체제를 실현하고 있다.

그 결과 수주 후 5일 만에 고객에게 제품을 납품해, 일시 재고품이나 부품의 재고일수는 7일, 재고회전율은 연간 52회를 달성한 것이다(당시 업계 일반에서는 재고일수 50~90일, 재고

회전율은 연간 5~7회 정도였다).

델컴퓨터는 이런 변혁을 통해 자기 회사의 재고 비용을 절감했을 뿐 아니라 고객이 원하는 상품을 저렴한 가격으로 고객에게 제공하는데 성공했던 것이다.

델컴퓨터의 공급망관리 전략은 '고객이 요구하는 것만 만든다'는 본질에 충실했을 뿐이다. 하지만 다른 회사가 자기 회사에서 '만든 상품을 파는' 전략을 전개하고 있는 반면, 델컴퓨터의 제품은 바로 고객 만족과 연결되었던 것이다.

고객의 요구를 빠르고 정확하게 파악해 자기 회사의 제품과 판매를 신속하게 해나가기 위해서는 IT를 활용한 정보 수집과 전달, 분석이 꼭 필요했던 것이다.

델컴퓨터가 구축한 비즈니스 모델은, 고객까지도 자기 회사의 파트너로 간주하여 고객 — 자기 회사 — 거래처가 서로 일체화되어 가치를 창출하는 가치 네트워크다. '가치 있는 것만 만든다'는 비즈니스 모델을 구축한 것이 성공을 가져다준 것이다.

이제 인터넷을 이용해 언제든 수요자와 공급자가 만날 수 있게 되었다. 계획 생산한 상품을 시장에 출하했는데 매출이 오르지 않는다면, 할인하는 기존의 '공급자로부터 시작되는 비즈니스'에서 '수요자로부터 시작되는 비즈니스'로의 전환이 필요한 것이다. 즉, 고객이 상품을 선택해서 생산 지시를 내리는 것이다. 가치 네트워크에서 처음으로 고객 가치가 생겨났는데, 그 고객 가치가 바로 상품이나 제품이 되는 것이다.

5 네트워크의 진보로 탄생한 BTO 생산 시스템
IT에 의한 새로운 생산 방식

　오늘날에는 PC 제조회사 사이에서 BTO(Build To Order : 수주 생산 방식)라는 생산 방식이 주류를 이루고 있다. 이 같은 방식은 바로 델컴퓨터에서 시작되었다.

　BTO는 고객으로부터 주문을 받은 후 제품을 생산하는 방법이지만, 기존의 단순한 수주 생산 방식은 아니다. 수주 생산임에도 불구하고 IT를 활용해 짧은 기간에 고객에게 상품을 전달할 수 있으며, 대량 생산에도 대응할 수 있는 완전히 새로운 생산 방식이다.

　BTO 실시 업체에서는 부품의 가공과 조립 공정에서 부품의 표준화를 철저히 하여 생산성을 높이고, 최종 공정인 조립 공정은 고객의 주문을 받고 난 후에 부품을 조립하고 있다.

　때문에 BTO는 '재고를 최대한 줄일 수 있다'는 큰 장점이 있다. 이 같은 장점은 PC처럼 제품 주기가 짧은 시장에서는 대단히 중요하다. 한편으로, 정확한 수요 예측에 근거한 부품 조달이 이루어져야 고객의 주문에 대응할 수 있다.

　BTO의 본질은 피자 배달 가게의 생산 방식과 동일하다. 사전에 재료를 준비(부품을 생산)해두고, 전화로(홈페이지로) 주

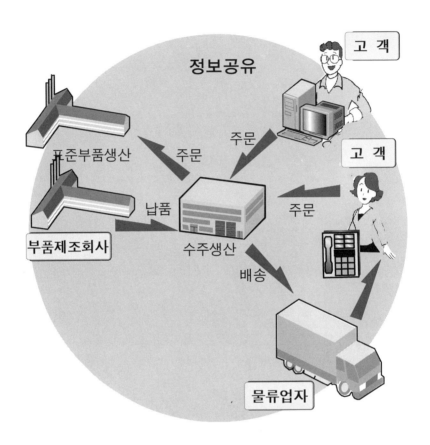

문이 들어오면 즉시 조리(조립)하는 것이다.

　이를 위해서는 미리 준비한 재료(부품)가 너무 많거나 너무 적어도 안 된다. 미리 준비해두는 분량은 과거 수주 실적으로 조정할 수 있다.

　주문을 받은 후 조리(조립)하는 것은 시간과의 승부다. '최고 의 재료를 사용해 얼마나 맛있는 품질의 음식을 고객이 주문한

대로 만들어서 신속하게 배달할 수 있는가?' 이것이 바로 피자 배달 가게를 성공시키는 열쇠이다.

◆ 공급망관리로 가능해진 BTO

BTO 생산 방식의 핵심도 수주 후 생산의 신속성에 있다. 이를 위해 IT의 활용이 반드시 필요하며, 네트워크에 의한 정보 공유가 이루어지고 있다.

고객이 제공하는 수주 정보는 바로 생산 부문에 전달되어 수주 후 곧바로 생산이 시작됨과 동시에, 사외 부품 제조회사나 수·배송업체에게 수주 정보가 발신된다.

또한 사전 준비에 해당하는 부품 생산에서는 제조회사가 직접 제공하는 수주 실적을 토대로 한 수요 예측 정보 공유가 꼭 필요하다.

여기서도 공급망관리로 최종 고객을 공유하는 회사와는 강력한 신뢰 관계가 기본이라는 것을 절대 잊어서는 안 된다.

6 솔루션 셀링 시대
'물건'에서 '솔루션'을 파는 시대로

◆ 솔루션 셀링이란?

'솔루션 셀링(Solution Selling)'이란, 기존의 소매업과는 달리 상품을 판매하는 것이 아니라 '솔루션', 즉 '가치 실현을 위한 해결책'을 판매하려는 것이다.

예를 들어 약국은 '약이라는 물건' 자체를 파는 것이 아니라 '가족 건강'이라는 솔루션을, 부동산업자는 '주택이라는 물건'이 아니라 '생활'이라는 솔루션을, 슈퍼마켓은 '식품이라는 물건'이 아니라 '식사'라는 솔루션을 파는 것이다. 그리고 고객은 상품 자체를 구입하는 것이 아니라 그 상품이 가진 편리함과 유익함으로 생기는 솔루션을 구입하고 있는 것이다.

솔루션을 팔기 위해서는 고객과의 대화를 통해 고객의 요구를 찾아내는 것도 중요하지만, 그것 이상으로 판매자가 고객보다 더 고객의 요구를 이해하여 매력적인 솔루션을 제안하거나 어드바이스 할 능력이 요구된다. 그러기 위해서는,

① 가장 경쟁력 있는 분야를 특화하는 중점주의
② 그 분야 최고의 솔루션을 실현하기 위한 상품·서비스· 정보를 조합한 종합적 가치 제공

솔루션 셀링이란?

전체를 솔루션으로 제공한다

상품 지식

부대 서비스

재화

고 객

③ 고객에게 솔루션을 제공해주는 전문 지식(Knowledge)을
   가진 판매 인재

라는 세 가지 요소가 필요하다.

또한 솔루션 셀링에서는 고객과의 지속적인 관계 유지가 중
요한 시책이다. 어떤 분야에서든 고객은 초심자에서 시작되어
숙련자로 성장해 나간다. 솔루션 셀러(Solution Seller : 고객에

게 솔루션을 제안하는 담당자)는 그 방면의 전문가로서 고객을 지원하고 유능한 파트너로서 보다 큰 가치 실현을 위해 함께 발전해 나갈 필요가 있다.

◆ 무형상품 시대

아마존닷컴에서 서적을 구입하는 사람은 서적 자체뿐 아니라 거기서 제공되는 서평(書評) 데이터베이스나 신간 소개 메일 등 구매 지원 서비스에서 가치를 찾고 있다.

고객은 순수하게 물질로서의 재화를 구입하는 것이 아니라 부대 서비스를 함께 구입하고 있기 때문에, 주요 상품과 부대 서비스와의 관계가 애매해지고 있다.

솔루션 셀러 입장에서는 '상품이나 부대 서비스 모두 솔루션을 구성하는 한 요소일 뿐'이라고 할 수 있다.

또한 델컴퓨터나 아마존닷컴처럼 고객과 공급자와의 관계가 인터넷으로 직접 연결됨에 따라 상품 자체보다는 오히려 부대 서비스가 중심이 되고 있는 것이다.

인터넷상의 쇼핑몰에서는 상품 지식에 의한 비즈니스가 이루어지고 있는데, 현물로서의 상품 인도가 필수 조건이긴 해도 경쟁 우위는 되지 않는다. 따라서 21세기는 무형물인 지식이 가치를 창출하는 이익원이 된다.

지금까지의 영업직은 이직률이 높은 직업이라고 여겨져 왔지만, 앞으로는 풍부한 상품 지식과 제안 능력이 요구되는 컨설턴트적 요소가 강해지기 때문에 상당히 전문적인 직종으로 바뀔 것이다.

7 BPR이 바꾸는 비즈니스 스타일

BPR이 기업의 존재 의의를 되묻는다

◆ '원점회귀'로 자기 회사의 존재 의의를 되묻는다

SIS(Strategy Information System : 전략정보시스템)나 BPR (Business Process Re-engineering) 등 컴퓨터의 전략적 활용이 꾸준히 요구되고 있다.

BPR이란, "할 수 있는 것"에서 "해야 하는 것"으로의 혁신적인 사고 전환을 통해 회사 업무 처리 프로세서를 목적 추구형, 병렬 처리형 등으로 혁신시킴은 물론 이와 관련된 인프라스트럭처(Infrastructure) 및 기술(Technology), 조직(Organization)을 동시에 혁신시켜 기업의 경쟁력을 세계 초일류 수준으로 끌어올리는 기법을 말한다.

즉, 지금까지 SIS는 '기업간 경쟁의 우위성을 획득하기 위한 전략적 정보 시스템'으로서 각광을 받았으며, BPR은 '비용, 품질, 서비스, 스피드 같은 중요하고 현대적인 업무 달성 방법을 근본적으로 재검토하여 재디자인하는 것'으로 여겨지고 있었다.

SIS나 BPR에 공통된 점은 모두 IT를 활용한다는 점이다. 그러나 'IT를 도입한다고 모든 것이 다 해결되지는 않는다'라는 사실은 과거 SIS의 유행과 쇠퇴를 되돌아보면 알 수 있다.

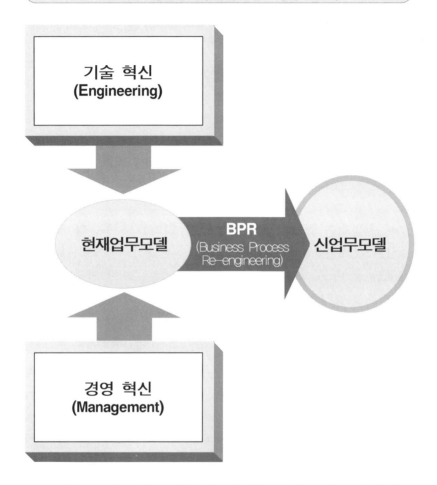

BPR로 새로운 비즈니스를 디자인한다

기술 혁신
(Engineering)

현재업무모델

BPR
(Business Process
Re-engineering)

신업무모델

경영 혁신
(Management)

　SIS나 BPR은 모두 '현행 방식을 혁신하여 보다 효율적이고 보다 전략적인 업무 방법을 새롭게 만들어내는 업무 개혁'을 하려는 것이다. 그러기 위해서는 자기 회사의 분석을 객관적으로 할 수 있는가가 중요하다.

　결국 SIS나 BPR은 모두 자기 회사의 업무 모델을 정확히 평가하여 자기 회사의 약점을 IT로 보강하고, 자기 회사의 강점을 IT로 더욱 강화하는 것에 성공했던 것이다.

기업의 경영 이념은 본래 아주 간단하다. 그러나 시간이 흐르면서 점차 조직이나 업무가 복잡해지고 경영 목적의 간결함과 분명함이 사라지고 있다.

거기서 '자기 회사의 강점'을 찾아내기 위해 '자기 회사의 비즈니스 원점은 무엇인가'에 대해 사원끼리 서로 의견을 교환할 기회를 만들어 근본적인 문제에 정면으로 도전할 수 있는 용기가 있어야 IT에 의한 업무 혁신을 할 수 있다는 것을 명심해야 한다.

사람의 얼굴이 각각 다르듯이 기업의 경영 과제도 천차만별이다. 따라서 각 기업의 경영 이념에서부터 시작하여 이상과 현실의 차이를 인식하고, 그 차이를 좁히기 위한 과제를 발견할 때 비로소 각 기업의 경영 과제를 달성하기 위한 계획, 조직화, 업무 통제를 실현할 수 있다.

'원점으로 돌아가라'는 말은 현행 업무 방식을 제로에서부터 재검토하는 것, 즉 스크랩하는 것을 의미한다. 그러나 자기가 하고 있는 일을 자기 스스로 부정할 수 있는 용기 있는 사람이 얼마나 있을까? IT라는 우수한 기술(Engineering) 혁신 수단을 활용하려면 사용자 측의 경영(Management) 혁신이 요구된다.

사람은 본래부터 아무리 어려운 상황에 처했을지라도 처음에는 참으며 순응하는 능력을 갖고 있다. 그리고 그 힘들고 어려웠던 상황 자체가 어느새 사람에게 적절하고 쾌적한 상황으로 바뀌는 것이다. 그 결과 본래 고쳐야 했던 나쁜 습관이나 버릇을 시정할 것을 거부하게 된다. 따라서 '원점으로 돌아가라'는 말은 말처럼 그리 간단하지는 않다.

8 고객과 직결된 비즈니스 모델
IT가 초래한 고객 제일주의

◆ **인터넷은 고객과 상품·서비스를 직결시켰다**

IT는 경영 조직 운영에도 큰 영향을 미치게 된다.

IT는 업무 방식이나 비즈니스 스타일 자체를 보다 고차원적인 것으로 혁신시키기 때문이다.

인터넷을 통해 상품·서비스에 관한 정보가 고객에게 신속하게 전달되기 때문에, '어떤 상품·서비스가 가장 우수한가?'라는 정보가 고객에게 그대로 알려지는 시대가 되었다. 그럼에도 불구하고 기존의 '자기 회사 목표를 가진' 조직으로는 고객 제일주의 기업에 뒤처지게 된다.

사실 모든 기업이 이미 IT의 영향을 받고 있다. 상점가의 소매점은 자기도 모르는 사이에 지역 고객을 인터넷 쇼핑몰에 빼앗기고 있으며, 또한 어떤 기업의 매출 감소 원인이 다른 경쟁사가 고객 데이터베이스를 활용해 그 기업의 단골 거래처를 무너뜨리기 때문일지도 모른다.

그리고 영업 담당자의 외근 시간이 길다는 이유만으로 정말 매출이 증가한다고 말할 수 있을까? 이번 달 매출 달성 실적이 아무리 좋아도 무리한 영업 활동으로 고객의 신용이 떨어졌다

인터넷은 고객에 의한 기업 선별을 향상시킨다

인터넷으로 고객과 기업이 직결

고객의 요구에 맞는
기업이 선정된다

고객의 요구에 부응하지
못하는 기업은 인터넷에
서 도태된다

면 가까운 미래에는 분명 매출이 하락할 것이다. 경쟁 점포가
등장하자마자 고객이 떠난 이유는 자기 점포의 품목에 문제가
있거나 대체 점포가 생겨서 고객의 불만이 표면적으로 드러난
것일지도 모른다.

이런 상황을 현재 여러분의 조직 체계에서 발견할 수 있는지

생각해 보기 바란다. 고객의 만족을 충족시키지 못하는 기업은 IT를 활용한 경쟁 상대가 나타났을 때 간단히 고객을 빼앗겨 버릴 우려가 있음을 명심해야 한다.

◆ 고객의 입장에서 부가가치를 평가

업무는 품질·비용·시간의 세 가지 축으로 종합적으로 평가해야 한다. 또한 고객의 입장에서 품질·비용·시간을 평가할 필요가 있다.

예를 들어 서울에 있는 한 결혼 서비스 업체에 고객들이 늘 상담을 기다리는 우수한 여성 상담가가 있다고 하자. 그녀와 상담하기 위해 순서를 기다리는 커플은 긴 대기 시간에도 불구하고 아무런 불평없이 기다리고 있는 것이다.

다른 상담 코너는 한가한 데도 오직 그녀와 상담하려는 고객은 계속 증가하고 있다. 그러나 영업 보고서에 나타난 그녀의 상담 실적만 보면 '고객 대응 시간이 길어서 고객 회전율이 나쁘다'는 지표 밖에 파악할 수 없다. 결국 '고객에게 만족을 안겨주었다'는 커다란 부가가치는 직접 현장을 보고나서야 비로소 알 수 있었던 것이다.

그럼 이런 부가가치를 어떻게 찾아 관리해 나가면 좋을까? 다음 항에서 살펴보기로 하자.

9 ABC에 의한 BPR
새로운 비용 관리 방법 'ABC'

◆ 고객 만족을 실현하는 지표, ABC

고객과 직결되는 비즈니스 모델을 구축하려는 기업은 업무를 고객 관점에서 재편성해야 하며 평가지표도 재검토해야 한다. ABC(Activity Based Costing = 활동시점원가계산)라고 불리는 새로운 비용 관리 방법은 가치 네트워크 시대에 필수적이다.

ABC에서는 조직이 수행하는 프로세스나 기능을 '활동(Activity)'이라는 단위로 분할하고 있다. 고객에게 부가가치를 창출하는 활동을 'VA(Value Activity)', 부가가치를 창출하지 않는 활동을 'NVA(Non Value Activity)'로 구분하여, VA에 대해서는 더 나은 부가가치 창출을 목표로 생산성을 향상시키거나 리소스를 추가하여 품질을 강화시키고, NVA에 대해서는 축소화를 꾀한다.

ABC는 기존의 원가 관리와 달리 단순히 비용 절감을 목적으로 하는 것이 아니다. ABC는 자기 회사에서 고객 가치 실현에 공헌하고 있는 활동을 강화하고, 그 밖의 활동에 대해서는 축소 또는 없애버리자고 주장하고 있는 것이다.

즉, 부가가치를 창출하는 활동은 핵심 업무로 육성 강화하고,

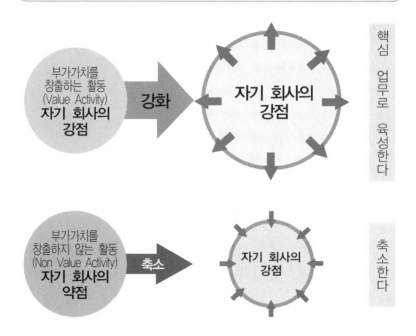

부가가치를 창출하지 않는 활동은 과감히 정리해야 한다는 것이다.

◆ '강점'을 특화한 기업끼리 가치 네트워크를 형성

핵심 분야는 육성 강화하고 경쟁력이 없는 부분은 과감히 정리하는 기업 조직을 '군살 없는(lean) 조직체'라고 한다. 그리고 군살 없는 조직체는 군살 없는 조직체끼리 각각 자신 없는 부분을 서로 보완하고 자신 있는 부분을 연결해 나가는 것이다.

군살 없는 조직체에 의한 네트워크에서는 가치를 창출하는 조직끼리 결합하는 가치 네트워크를 구성해 아메바처럼 조직을 늘려 확대해 나간다.

인터넷상에서 이미 진행되고 있는 가치 네트워크 형성을 인식하지 못한 기업이라면, 언젠가 그 존재를 깨닫게 될 때에는 이미 그들의 설 자리가 없을지도 모른다.

ABC는 앞에서도 서술했듯이 단순한 원가 관리를 위한 방법이 아니다. 활동 분석 결과를 토대로 활동 자체의 혁신, 즉 조직 자체의 개혁으로 BPR(Business Process Re-engineering)의 실시를 촉구하는 것이다.

BPR은 ABC 분석에 따라 고객에게 부가가치를 창출하고 있는 활동을 강화하고, 부가가치를 창출하지 않는 활동을 축소하기 위해 IT를 활용하여 새로운 비즈니스 모델을 만들어내는 것을 목표로 한 것이다.

10 ABC를 간접비와 직접비에 모두 적용하라
세심한 비용 관리가 이익원을 분명히 한다

ABC는 '활동기준원가계산'이라고 불리는 것처럼, 구매나 물류 같은 간접 부문의 경비를 꼼꼼하게 계산해 나가는 방법이다. 지금까지 간접비는 그 총액을 부문 예산이나 실적으로 대충 안배할 뿐이었다.

그러나 기업의 수익 획득 활동에서 영업 활동이나 물류, 품질 관리, 애프터서비스 등 간접 업무의 중요성이 높아지고 있으며, 제조나 구매 같은 직접적인 경비 활동 이상으로 세심한 관리가 필요해지게 되었다.

소매업에서는 판매 촉진이나 고객 관리가 중요해지고 있으며, 제조회사에서도 마케팅 리서치나 영업 활동의 중요성이 점점 더 높아지고 있다. 또한 고객 서비스 향상을 꾀하기 위해 해마다 물류 등 부가 서비스의 비용 부담도 증가하고 있다.

◆ 기존의 직접·간접 비용의 분류가 무의미해지고 있다

기업 회계에서도 큰 패러다임 변화가 일어나고 있다. 그 이유는 지금까지 직접비로 취급되었던 비용 속에 간접비적 요소가 발견되고 있기 때문이다.

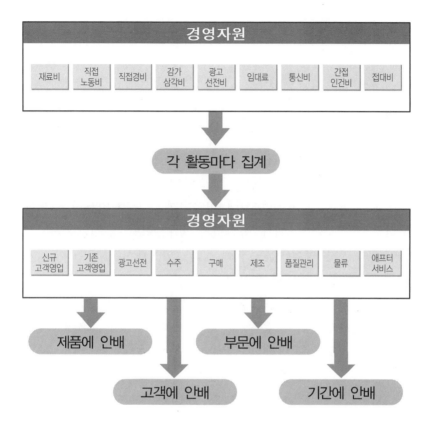

ABC에 의한 비용의 재배분

경영자원

| 재료비 | 직접
노동비 | 직접경비 | 감가
삼각비 | 광고
선전비 | 임대료 | 통신비 | 간접
인건비 | 접대비 |

각 활동마다 집계

경영자원

| 신규
고객영업 | 기존
고객영업 | 광고선전 | 수주 | 구매 | 제조 | 품질관리 | 물류 | 애프터
서비스 |

제품에 안배

부문에 안배

고객에 안배

기간에 안배

반대로, 지금까지 간접비라고 생각했던 것 중에서도 직접비로 파악하는 것이 적절한 것도 있다.

예를 들어 어떤 제과점에는, 인기 케이크와 어느 제과점에서나 구입해도 좋은 상품 등 두 가지 종류의 상품이 있다고 가정하자. 후자의 상품과 비용은 이익에 직접적으로 공헌한다기 보다는 오히려 간접적으로 공헌하는 것이 되는 것이다.

반대로, 간접적인 지원 업무로 여겨지는 POP(상품 설명)나 점포 내 실내 장식이 오히려 직접적으로 매출에 크게 영향을 미치고 있는지도 모른다.

이처럼 기존의 '직접 비용'과 '간접 비용'이라는 비용 체계에서는, 지금 정말로 이익을 창출하고 있는 원천이 무엇인지 찾아내기가 힘들어지고 있다.

비용 중에서 무엇이 매출 원가이고 무엇이 판매 관리비인지 자신 있게 말할 수 없다. 본래 모든 경영 활동이 그 기업의 수익을 창출해 나가야 하며, 모든 비용이 고객 만족이라는 효과를 기업에게 창출하고 있는지 체크해야 한다.

ABC는 사소한 활동 단위에 이르기까지 모든 비용의 의의를 분석하려는 것이다. 판매 촉진비의 경우, 어떤 상품(제품)을 누가(부문) 어떤 방법(유통 경로 등)을 이용해서 누구(고객)에게 활동했는지까지 확인할 수 있다.

기업 활동 중에서 어떤 활동이 부가가치 창출에 공헌하고 있고, 반대로 공헌하지 못하는지를 찾아내어 보다 경쟁력 있는 비즈니스 모델을 지향하려는 것이 ABC의 목표다.

11 전체 최적을 지향하라
'TOC 이론'으로 기업 활동 전체를 재검토하려면…

◆ '부분 최적'에서 '전체 최적'으로

IT를 적극적으로 도입했지만 기대한 만큼의 효과를 거두지 못한 기업도 상당히 많이 있다. 사실 그 원인은 IT에 있는 것이 아니라 IT를 사용하는 쪽에 있다고 말할 수 있다.

TOC(Theory Of Constraints : 제약조건이론) 이론으로 알려진 골드릿 박사는 '스루풋(Throughput)을 개선하기 위해서는 전체 속에서 제약 조건을 찾아내 그 제약 조건을 해결하는 것이 필요하다'고 지적했다.

구체적으로 생산 공정을 예로 들어 생각해 보자.

몇 가지 공정으로 나뉜 생산 라인에서 전체가 균형 있는 처리 능력을 갖고 있는데, 단 하나의 공정이 처리 능력을 저하시키면 라인 전체의 처리 능력이 떨어지게 된다. 그 전의 공정까지 처리된 생산물은 자꾸 일시 재고품이 되고, 그 후의 공정은 처리 능력이 있음에도 불구하고 능력을 충분히 살릴 수 없는 상태가 되는 것이다.

이처럼 '전체를 방해하는 공정'이 '제약 조건'에 해당한다.

이것은 기업 전체의 스루풋에도 적용된다.

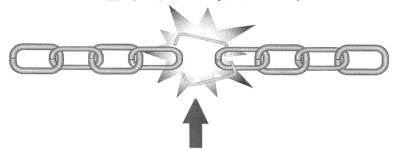

전체 최적≠Σ(부분 최적)

<u>사슬 전체의 강도</u>는 <u>가장 약한 사슬의 강도</u>에 의해 결정된다
(스루풋 능력)　　　　　　(제약 조건)

　　영업은 영업만, 구매는 구매만 하면 된다는 업무 스타일을 전개하고 있는 기업은 IT를 도입해도 대단한 효과를 거둘 수 없다. 부문을 초월한 제약 조건을 공유하지 않고 부문 내의 제약 조건을 해결하는 데만 IT를 활용함으로써 여전히 미해결 제약 조건이 잔존하여 효과가 나타나지 않는 것이다.

　　기업도 '부분 최적(각 부문이 최선의 상태에 있는 것)'이 아니라 '전체 최적(스루풋 전체가 최선의 상태에 있는 것)'의 사고가 없으면 문제를 해결할 수 없다. 그러나 대부분의 기업이 이 전체 속의 제약 조건을 발견하지 못하고 있다. 아니 찾으려고 하지 않는다는 말이 맞을지도 모른다.

◆ TOC 이론으로 제약 조건을 찾아낸다

　　TOC는 이스라엘 물리학자 엘리 골드럿 박사가 20년간 연구해 온 방법이다. 이것은 시스템의 목적(goal) 달성을 방해하는 제약 조건을 찾아내서 극복하기 위한 두 가지 개선 방법으로 이루어져 있다.

하나는 생산의 개선 기법이고, 또 하나는 변화를 일으키기 위한 사고 프로세스(TP)라고 불리는 문제 분석 해결 기법이다.

TOC 이론에서는 기업의 실적 개선을 위해 전체 기업 활동 속에서 제약 조건이 되고 있는 것을 발견해 그 제약 조건을 개선하라고 지적하고 있다.

예를 들어 아무리 판매력이 강해도 생산력이 낮으면 매출은 실현되지 않는다. 반대로, 아무리 생산 능력이 높아도 판매력이 약하면 재고만 늘어난다. 공장에서는 가장 느린 공정이 모든 공정을 방해한다. 또한 하나의 공정 관리 상태가 나쁘면 그 밖의 공정에서 아무리 좋은 품질 관리를 실현하고 있어도 불량품이 발생하게 된다.

TOC 이론에서 말하는 생산 개선 기법은 생산력 쪽에 문제가 있을 경우에 적용해야 할 방법이며, 사고 프로세스는 불량품 방지 등 전혀 새로운 문제 해결 방법을 찾아내기 위한 기법이다.

12 TOC 이론에 의한 생산 개선
5가지 사고 프로세스로 약점을 찾아낸다

◆ 5가지 개선 단계

생산 개선 방법에는 다음 5가지 개선 단계가 있다.

①…제약 조건을 찾는다

②…제약 조건을 철저하게 활용한다

③…제약 조건 이외는 제약 조건에 종속시킨다

④…제약 조건의 능력을 향상시킨다

⑤…타성에 주의하면서 1단계로 되돌아간다

나는 다시 이 5가지에 덧붙여 1단계 앞에,

⓪…목적 달성을 위한 조건을 찾아낸다

는 단계가 필요하다고 생각하고 있다.

생산 개선 방법의 목적은 '전체 속에서 가장 약하다고 생각되는 부분을 찾아서 그 약점을 집중적으로 강화'하는 것이다. 회사 전체의 업무 실적을 데이터베이스화하면, 제약 조건의 발견과 관리를 지속적으로 할 수 있을 것이다.

사고 프로세스는 다음 5개의 트리(tree)라고 불리는 구성 요소로 이루어져 있다.

TOC 이론에 기반을 둔 생산 개선 사고 프로세스

1. 현상 문제 구조 트리

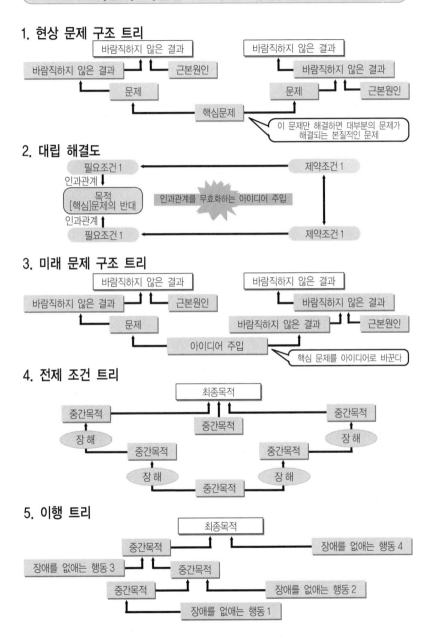

2. 대립 해결도

3. 미래 문제 구조 트리

4. 전제 조건 트리

5. 이행 트리

① 현상 문제 구조 트리 … 문제 조사와 관련 작업으로 근본적인 문제를 찾아낸다
② 대립 해결도 … 근본적인 문제를 해결할 아이디어를 발견한다
③ 미래 문제 구조 트리 … 아이디어를 주입해서 얻을 수 있는 개선 효과와 새롭게 발생되는 문제점을 비교하여 아이디어 채택 여부를 평가한다
④ 전제 조건 트리 … 아이디어 실현을 위해 필요한 전제 조건(중간 목적)을 점검한다
⑤ 이행 트리 … 중간 목적을 달성하기 위한 실행 계획을 입안한다

이것도 현상을 타파하기 위한 근본적인 문제라는 최대의 제약 조건을 발견하여 그것을 집중적으로 개선하려는 것이다. 우선 그룹웨어를 활용해 각 부문이 갖고 있는 문제를 공유하는 것에서 시작하여 회사 전체 차원의 문제 발견 활동을 전개할 필요가 있다.

13 사내중시형 ERP에서 사외관계중시형 EC로
ERP 도입의 실패 원인은 무엇인가?

◆ ERP란 무엇인가?

ERP(Enterprise Resource Planning : 통합업무시스템)란, 기업의 경영 자원을 통합 관리하는 것으로 업무를 효율화하려는 것이다. 구체적으로는 재무·생산·구매 등의 기간 업무를 통합한 정보 시스템이다.

대부분의 기업이 ERP 패키지 소프트웨어를 도입했지만, 그중에 성공한 기업이 많지 않은 것이 사실이다.

사실 ERP의 도입으로 충분한 효과를 거두지 못한 기업은 처음 도입할 때부터 ERP 자체에 대한 인식에 문제가 있지 않았을까 생각된다. 즉, 무슨 목적으로 도입을 결심했으며 목표 달성을 위해 무엇을 해왔는지가 문제다.

ERP 패키지 소프트웨어는 선진 기업의 업무 프로세스를 포함하고 있다. 때문에 선진 업무 프로세스로 표준화할 수 있고 업무의 글로벌화도 가능하게 된다.

그러나 ERP가 가진 도입 효과 중에서 가장 주목해야 할 점은 업무 기능의 표준화나 보편성에 있는 것이 아니다. 이 두 가지 효과는 IT가 아니라도 실현 가능한 테마이기 때문이다.

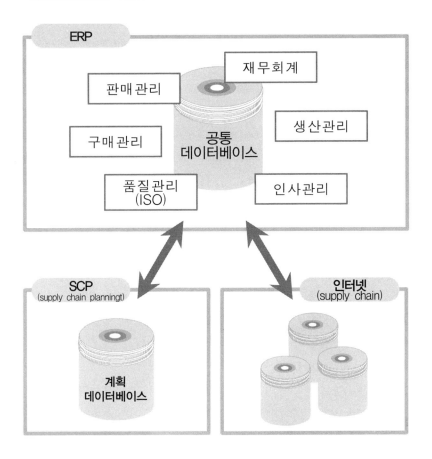

ERP의 근간은 공통 데이터베이스에 있다

ERP

재무회계

판매관리

공통
데이터베이스

구매관리

생산관리

품질관리
(ISO)

인사관리

SCP
(supply chain planningt)

계획
데이터베이스

인터넷
(supply chain)

ERP 도입의 최대 효과는 '모든 업무상의 정보가 통합 데이터베이스 안에 수집·보관된다'는 점에 있다. 그리고 이 회사 전체의 통합 데이터베이스 내용을 ERP의 다양한 업무 단계에 이용하여 최적의 의사 결정을 위해 활용할 수 있다는 것이다.

ERP 도입에 실패한 대부분의 원인은 바로 기업 전체의 통합 데이터베이스에 대한 인식 부족에 있다고 할 수 있다. 국제 규준(Global Standard)으로의 표준화 자체에 의미가 있는 것이 아니라, 표준화된 기업끼리 데이터베이스를 공유하여 보다 많은 정보를 토대로 최적의 의사 결정을 할 수 있다는 점에 의미가 있다.

전사적 통합 데이터베이스 구축이 사내 의사 결정의 질을 높인다는 사실을 이해하고 있는 기업은 ERP 도입을 적극적으로 검토할 것이다. 그리고 의사 결정의 질을 높이기 위해 자기 회사 내에 통합 데이터베이스를 구축할 때 거래처와 데이터베이스를 연결하여 수준 향상을 꾀할 것이다.

따라서 델컴퓨터나 아마존닷컴이 인터넷을 통해 거래처와 데이터베이스를 연결하고 있는 것은 지극히 당연하다.

IT 활용형 기업은 이미 사내중시형 ERP 단계를 뛰어넘어 사외관계중시형 전자상거래(EC : Electronic Commerce) 단계에 이르렀다.

이제 자기 회사 내 업무를 표준화하여 통합 데이터베이스를 구축하는 것은 아주 당연시되고 있다. 21세기는 인터넷이라는 무기를 통하여 기업간에 통합 데이터베이스를 구축할 수 있는 시대다. 자기 회사 내 통합화조차도 시간이 걸리는 기업이 전자상거래 시대의 기업을 어떻게 이길 수 있겠는가?

소프트뱅크의 인터넷 재벌 전략이 의미하는 것

◆ '인터넷 재벌'이란?

소프트뱅크의 손정의 사장은 '인터넷 재벌' 형성을 목표로 하고 있다. 손 사장은 그 목표를 폐쇄적이고 중앙 집권적인 계층 구조체가 아니라 '개방적이고 분권적인 플랫 구조적 기업가의 집합체에 의한 집단 전략으로서의 인터넷 재벌 형성'이라고 말하고 있다.

'소프트뱅크는 각 기업의 주식 중에서 30% 안팎을 보유하는 것만을 목표로 하고 있다'라고 했다. 이것은 '각 기업이 소프트뱅크에 지배되는 것이 아니라 파트너로서 제휴 관계를 맺는다'는 것을 의미한다.

즉, 인터넷 사업을 전개해가면서 단일 기업으로 시장을 제패하기는 어렵지만, 다른 기업에 뒤지지 않는 핵심 업무를 가진 넘버원 기업끼리 전략적 제휴 관계를 맺음으로써 경쟁력 확보를 목표로 하려는 것이다.

주식을 30% 안팎만 보유하는 '느슨한 지배'로 재벌을 구성하는 기업은 독자성을 상실하지 않으면서 자기 증식이나 자기 진화를 계속해나갈 수 있다는 것이다.

또한 인터넷의 기업 집단화는 결과적으로 산업 전반에 걸친 제휴를 창출하여 다양한 시너지 효과도 가져다준다.

이미 야후재팬이나 ZDNet, Geocities 등 주요 홈페이지 정보 서비스 회사의 최대 주주인 소프트뱅크는 인터넷상에서 사람이 가장 많이 모이는 곳을 확보하게 되었으며, 금융 관련 사이트에서도 벤처 주식시장인 나스닥재팬의 개설로 그에 관련된 온

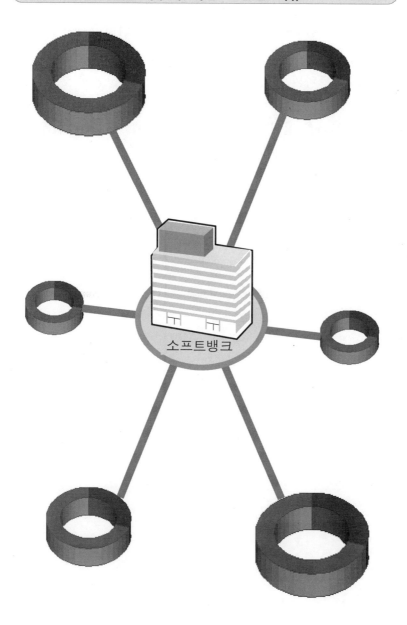

30% 지주에 의한 느슨한 제휴

소프트뱅크

라인 거래에 따라 인터넷상의 '금융가'마저도 소프트뱅크의 영향력 안에 들게 되었다.

게다가 e-커머스 관련 사이트에서도 PC 관련 상품이나 가전 상품, 일용 잡화 등을 경매하는 온세일(Onsale)을 비롯하여, 마이크로소프트와의 합병에 의한 인터넷 자동차 판매 중개 서비스 회사인 카포인트(Carpoint)의 설립, 서적의 인터넷 통판을 하는 eS-Books 설립 등 e-커머스 관련 웹 사이트에서 우위성을 살린 사업을 전개하고 있다.

제2장

IT 경영을 실현하는 기업 조직

IT를 도입할 때는 비즈니스 모델 자체의 대담한 변혁을 수반한다. 그런데 그 변혁이 기업의 조직 자체도 크게 변혁시키게 된다.

ABC가 모든 업무를 '품질·비용·시간'의 세 가지 축으로 평가하는 것처럼, IT로 인해 과거보다 훨씬 더 꼼꼼한 경영 관리가 가능해짐으로써 기업 회계에서 장래 현금 흐름도 중시된다. 근시안적 기간손익에서는 볼 수 없었던 '장래 현금 흐름 창조'에 대한 공헌도로 각 업무를 평가할 수 있게 되기 때문이다.

마찬가지로 이런 '장래 현금 흐름을 중시하는' 경영 관리는 IT로 '고객 가치의 최대화'를 목표로 하는 기업 경영 조직이 실현하는 것이다.

그것은 구체적으로 ① 고객 관련 데이터베이스, ② 상품 데이터베이스, ③ 공통 계획 및 실적 데이터베이스, ④ 인터페이스 시스템(Interface System), ⑤ 의사 결정 지원 엔진 등의 정보 시스템 구축으로 실현된다.

애써 최첨단 IT를 도입했는데도 생각처럼 활용하지 못한 기업이 많은 것 같다. 선진 기업이 성공을 거둔 IT 경영을 잔재주로 이해하고 기존의 관리 스타일 안에 끼워 맞추려고 해도, 도구로서만 IT를 이용하고 있으니 기대하는 극적인 효과가 나올 리 없다. IT는 업무 개선을 위한 단순한 도구로서가 아니라 '경영 스타일을 변혁하기 위한 도구'로 평가해야 한다.

조직 변혁은 IT 경영을 실현하기 위해서는 반드시 거쳐야 하는 과정이라고 해도 과언이 아니다.

1 경영 전략과 정보화 전략의 일체화
정보화 전략의 역할이 변화한다

델컴퓨터나 아마존닷컴은 '판매 방식만 혁신하면 어떤 업계에든 참여할 수 있다'고 단언하고 있다. 사실 아마존닷컴이 새롭게 인터넷 쇼핑몰에서 취급하기로 한 상품 시장은 마치 아마존닷컴에 의해 판매가가 결정되는 것처럼 지대한 영향을 받고 있다.

이처럼 IT를 활용하는 새로운 기업에 낡은 비즈니스 스타일을 가진 대기업이 휘둘리고 있는 형세는, 마치 프로야구에서 현역 시절 화려한 우승 경험을 가진 감독이 데이터 야구에 이길 수 없는 것과 아주 유사하다.

만약 재능과 노력만의 싸움이라면, 상대방보다 더 나은 재능과 노력만하면 이길 수 있을지도 모른다. 그러나 상대방이 과학적인 접근 방식을 구사하기 시작하면 그 형세는 순식간에 맥없이 무너질 것이다.

현대의 IT도 마찬가지라고 할 수 있다. 아무리 최신 정보기기를 갖추거나 구축하더라도, 기술이나 전략이 뒤떨어지면 그 기능을 완전히 발휘할 수 없다. 아니 오히려 마이너스 효과를 얻을 수도 있다.

정보 전략의 위상이 변했다

낡은 정보 전략

경영전략

정 보 전 략

새로운 정보 전략

경 영 전 략

정보전략

가령, ABC를 비용 절감을 위한 수단으로만 활용하거나 ERP 나 공급망관리의 도입을 각 부서의 업무 효율화나 실적 향상의 관점에서만 검토하는 것은 아닐까?

현실적으로 경영 혁신을 추진하는 참신한 제안은 대부분 과거의 사례나 비용 대 효과로 인해 배제될 운명에 처해 있다. 그러나 경영 혁신 제안에 전례 따윈 있을 수 없다.

혁신적인 아이디어를 비용 대 효과로 도모하려는 것은 참으로 어리석은 일이다. 예측 비용이나 기대 효과가 훤히 보이는 의사 결정이라면 누구나 할 수 있기 때문이다.

◆ 과거와의 결별, 미래로의 비약

'경영 전략은 경영 간부가 별실에서 생각하고, 정보화 전략은 정보 시스템 담당자에게 일임되어 있는' 상태에서는 델컴퓨터와 같은 IT 경영형 기업을 이길 수 없다.

경영 간부는 IT 경영형 관리 방법에 대해 자세히 배우고 낡은 경영 전략과는 결별해야 한다. 이제는 과거의 성공 경험에서 탈피하지 않으면 안 된다. 또한 오랫동안 축적된 지식과 경험에서 탈피하지 않으면 안 된다.

◆ 경영 리더는 경영 전략 리더이기도 하다

과거와의 결별은 정보화 리더에게도 필요하다. 지금까지 정보화 리더에게 요구되었던 것은 경영 전략을 바탕으로 설계된 업무 흐름을 올바로 분석하고 효율화를 위해 컴퓨터를 이용하는 것이었다.

그러나 지금의 정보 시스템에서 정보화 리더에게 요구되는 것은 '컴퓨터를 이용한 현행 업무의 혁신'이다. 현행 업무의 혁신은 현행 업무의 문제점을 분석하는 것만으로는 부족하다. 경영 환경에 맞는 최적의 경영 전략을 실현하는 것이어야 한다.

공급망관리 시스템을 구축할 때는 몇몇 부서를 폐지하는 것도 필요할지 모른다. 정보화 리더는 경영 방법에 대해서도 정통하며, 경영 간부와 함께 경영 전략 책정과 동시에 정보화 전략을 구체화해 나갈 필요가 있다.

기업의 미래를 좌우하는 정보화 리더를 더 이상 컴퓨터 지식이나 경험만으로 선임해서는 안 된다. IT에 관한 지식은 경영 간부에게도 필수 과목이며, 정보화 리더에게 요구되는 자질은 컴퓨터 지식이나 경험보다는 경영 혁신 구조를 검색하는 창조력과 새로운 비즈니스 모델을 구축하는 개척자 정신이다.

2 원가주의에서 탈피하라
21세기 기업이 지향하는 실현 목표의 틀

◆ 원가주의에 기초한 이익 관리의 한계

경영 간부가 속박된 과거 경영 스타일 중에서 가장 문제가 되는 것이 '이익' 개념이다. 구체적으로는 기간손익, 기간손익에 기초한 원가 설정, 원가에 기초한 이익 관리 사고 등을 들 수 있다. 사실 국제 회계 기준에서 현금 흐름(Cash Flow) 계산서 책정이 요구되고 있는 이유는 바로 이런 이익 개념의 수정에 있다.

기간손익이나 원가 사고 자체가 틀렸다는 말은 아니다. 자산 평가나 비용 분배가 적절하게 이루어지지 않는 것, 금액으로 평가되지 않는 자산이나 부채가 계상되지 않는 것이 문제다.

수작업에 의한 직접 노무비가 주를 이룬 시대에는 기존의 원가 계산이 유효했지만, PC를 이용한 업무 계획이나 분석 및 자료 작성에 걸리는 시간 등 '원가를 구성하고 있는 업무'가 원가 대상이 되지 않거나 실정에 맞지 않는 안배가 이루어지고 있는 상황에서, 기존의 원가에 의한 이익 분석이 얼마나 유효할 수 있을까? 부정확한 원가 산정은 올바른 경영 판단만 방해할 뿐 아무런 도움도 되지 않는다.

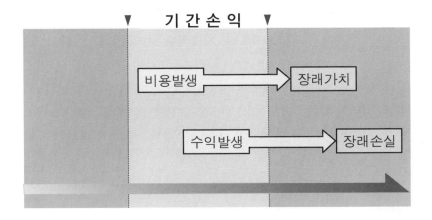

기간손익에서는 장래에 대한 영향을 고려하지 않는다

▼ 기 간 손 익 ▼

비용발생 → 장래가치

수익발생 → 장래손실

상업에서도 원가주의는 경영 활동을 왜곡하고 있다. 이익에 의한 영업 관리는 영업 활동을 지나치게 쉽게 평가해 버리는 경향이 있다.

그것은 고객에게 아무런 가치도 창출하지 않는 쓸데없는 비용 작업을 방치할 뿐만 아니라, 이익을 확보한 후 이루어지는 고객 지원은 추가 비용만 창출하는 축소 대상이 된다.

또한 기간손익에 의한 영업 평가는 차기 이후에 계승되는 효과를 무시하게 된다. 이런 '당기(當期)에 금액으로 환산할 수 없는 무형 자산이나 무형 부채'가 사실은 기업 경영에 가장 큰 영향을 끼치고 있음에도 불구하고 기간손익에 계상되지 않는 것이 가장 큰 문제다.

◆ **IT로 높이는 관리 정밀도**

최신 IT를 활용한 경영 관리로는 기존의 간단한 경영 성과 평가에 비해 상당히 세밀한 평가를 할 수 있다.

ABC에 의해 기업의 다양한 업무 활동을 비용뿐만 아니라 품질·비용·시간의 세 가지 축에서 평가할 수 있으며, 금액으로 환산할 수 없는 무형 자산이나 무형 부채에 대해서도 지식 경영을 이용해서 각 고객이나 거래처를 관리할 수 있다. 그러나 이런 새로운 경영 방법의 도입으로 관리 정밀도를 높이기 위해서는 반드시 관리해야 할 대상물을 찾아낼 필요가 있다.

기간손익, 기간손익에 기초한 원가 설정, 원가에 기초한 이익 관리 사고의 가장 큰 결함은 미래에 대한 예측 속에 있다. 재고 자산은 '언젠가 반드시 팔 수 있다'는 전제가 있어야 비로소 자산이며, 많이 만들면 만들수록 낮아지는 원가도 '만든 것은 반드시 팔린다'는 전제를 깔고 있다.

그러나 지금은 그런 전제가 더 이상 통하지 않는 시대다. 현대는 델컴퓨터처럼 팔리는 것만 만드는 스타일이 요구된다. 그리고 원가에 관한 정보가 아니라 바로 고객의 만족과 불만족에 관한 정보를 관리하고 평가해야 하는 시대다.

IT 시대에는 근시안적인 이익주의에서 벗어나 보다 폭넓은 고객 만족주의로 이행하지 않으면 인터넷 경쟁사회에 살아남을 수 없다.

3 이익에서 EVA, MVA로
고객에 대한 가치를 현금 흐름 계산서로 파악한다

◆ 현금 흐름 = 고객 가치

재무회계 분야에서는 국제 회계 기준의 관점에서 현금 흐름 계산서 책정이 요구되고 있다. 사실 이 현금 흐름 계산서에 대해서도 고객 만족주의 관점에서 파악해야 한다.

현금 흐름 계산서는 돈의 지출을 억제하기 위해 작성할 뿐만 아니라, 반대로 '가치 창출을 위한 돈의 사용'을 촉진하는 기능도 갖고 있다. 유지적인 성격을 제외한 설비 투자 등 장래 현금 흐름을 창출하기 위해 사용된 현금 흐름 부분이 중요한 것이다.

이미 투자가는 정확히 경영 상황을 제시하지 못할 우려가 있는 손익계산서나 대차대조표보다는 현실적인 돈의 흐름이 명확히 나타나 있는 현금 흐름 계산서를 더욱 중요시하고 있다.

기업 내에서도 사원 개개인은 '이 일이 장래 현금 흐름을 창출하는 일인지 아닌지' 항상 유의하여 '장래 현금 흐름을 창출하지 못하는 일은 배제하고, 현금 흐름을 창출하는 일은 강화하는' 것이 바람직하다.

사실 위에서 '장래 현금 흐름' 부분을 '고객에게 주는 가치

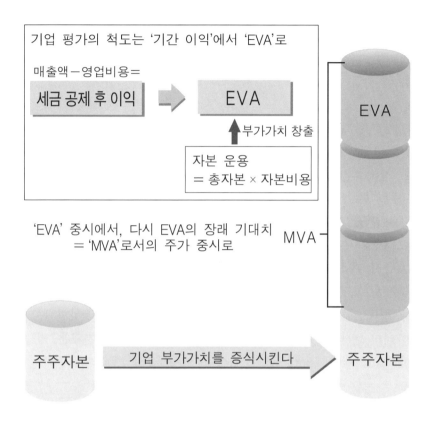

기업 평가의 척도는 '기간 이익'에서 'EVA'로

매출액－영업비용＝

세금 공제 후 이익 ➡ EVA

↑ 부가가치 창출

자본 운용
＝ 총자본 × 자본비용

'EVA' 중시에서, 다시 EVA의 장래 기대치
＝ 'MVA'로서의 주가 중시로

EVA

MVA

주주자본 ➡ 기업 부가가치를 증식시킨다 ➡ 주주자본

로' 바꿔도 의미는 통한다. 앞으로는 고객이 평가하는 회사가
진정한 이익을 확보하는 것이다. 그런데 현재 수행된 업무의
성과로서 실제로 현금 흐름이 실현되는 것은 현재가 아니라 장
래일지도 모른다.

특히 장래 큰 고객 만족을 얻기 위해 대대적인 설비 투자를
하거나 인재 육성이나 연구 개발을 하고 있는 기업은 현 시점
에서 이익을 실현하지 못할 것이다.

그러나 투자가는 그 기업의 장래에 큰 가능성을 확신하고 투자 활동을 통해 자금을 제공하는 것이다.

◆ 주주에 대한 이익 중시로 다시 자금 조달력을

소프트뱅크는 매출액이나 경상 이익보다는 1년 동안 주주의 가치를 얼마나 늘릴 수 있었는가를 나타내는 'EVA(Economic Value Added : 경제부가가치)'의 장래 기대액, 즉 미래의 EVA를 모두 합한 MVA(Market Value Added : 시장부가가치)의 향상을 경영 목표로 삼고 있다.

EVA, MVA로 경영 관리를 하는 21세기형 기업은 새롭게 개설되는 벤처 주식시장(나스닥재팬 등)에 의한 자금 조달력을 통해 분명 보다 큰 고객 만족을 획득하기 위해 매진할 것이다.

그런데 이런 시점에서 기존의 기간손익, 기간손익에 기초한 원가 설정, 원가에 기초한 이익 관리를 계속 실행하고 있는 기업에게 과연 미래가 있을까?

4 가치를 창출하는 것은 무엇인가?
목표 실현을 위한 기업의 혁신 방향

가치를 창출하는 것은 기존 고객의 만족이다. 그럼에도 불구하고 기존 고객을 만족시키지 못한 원가 관리가 많은 기업들을 망가뜨려 왔다.

기존 고객에게 크게 의존하고 있는 기업, 즉 '대부분 재수주이며 고객도 고정적'인 기업은 비용을 절약해 이익을 높여나가는 것이 최대의 경영 과제가 되었을 것이다. 그러나 이 경우에도 고객에 대한 서비스 품질은 절대로 저하시켜서는 안 된다.

◆ 고객 가치를 무시하는 원가 관리의 어리석음

'수주가 대부분 재수주이며 고객도 고정적'이라는 상황을 다시 한번 되새겨 보자.

기술 혁신이 일어나지 않고 다른 동종 기업과의 설비 능력의 차이나 인적 작업 능력의 차이가 별로 없는 시장에서는 거래 조건으로 과거의 실적이 가장 중요한 요소이며, 몇몇 기업과의 경쟁 속에서 가격 할인이나 사소한 기능 차이에 의한 경쟁이 이루어지고 있다.

이런 상황에서는 매출이 크게 변하지는 않지만, 가격 할인이

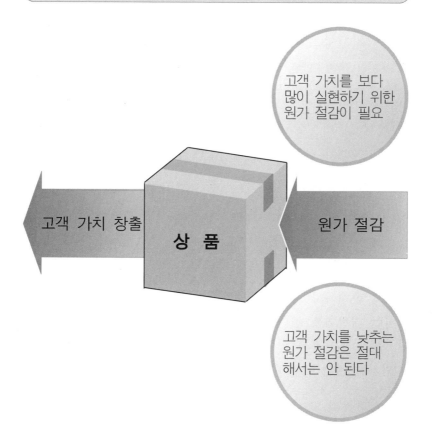

고객 가치를 보다 많이 실현하기 위한 원가 절감이 필요

고객 가치 창출

상 품

원가 절감

고객 가치를 낮추는 원가 절감은 절대 해서는 안 된다

나 고객 측의 업적 악화에 따른 거래처 수의 축소로 매출이 감소되는 경향이 있다. 때문에 기업으로서는 이익을 높이기 위해 원가 체질을 개선하려고 노력하게 된다.

그 결과 매출 자체에 대한 주의를 상실하고 원가를 줄이는 데만 주목하게 된다. 그리고 무리한 비용 절감이 품질 악화를 초래하여 불량품을 발생시키는 악순환이 일어나는 것이다.

무리한 비용 절감이 가치 창출로 이어지는지 아닌지와는 관계없이, 간접 비용 전반에 이런 악순환이 일어나게 된다.

전표를 옮겨 쓰거나 연락 회의로 발생되는 간접 비용은 고객 입장에서 보면 아무런 가치도 창출하지 않으므로 배제해야 할 것이다.

그러나 준비 시간이나 보고서 작성은 비록 간접 비용의 요인이 되지만, 품질을 높이는 역할을 하며 고객 가치를 창출하므로 결코 그 비용을 줄여서는 안 된다. 이런 비용들이 모두 삭감되면 장래에 얻을 수 있는 가치마저도 잃어버리게 된다.

가치를 창출하는 것은 자기 회사 고객이라는 명백한 사실만 대전제로 이해하고 있으면 아마 이런 잘못을 저지를 일은 없을 것이다.

'수주가 대부분 재수주이며 고객도 고정적'이라는 상황에는 '자기 회사의 서비스가 고객 가치를 충분히 창출하고 있다'는 전제가 존재하고 있다.

이런 대전제를 무너뜨리는 원가 관리는 절대로 해서는 안 되며, 경우에 따라서는 원가 관리 이전의 문제인 '고객 가치 창출'이라는 경영 과제로 되돌아가야 한다.

5 IT에 의한 미래 현금 흐름 지향의 경영 관리

간접비를 최대한 절감할 수 있는 IT 전략

◆ IT가 변화시키는 비즈니스 모델

지금까지 서술해 왔듯이, 인터넷 등 첨단 IT가 모든 시장에 영향을 미치고 있다. 인터넷으로 고객 가치 자체가 크게 바뀌고 있는 것이다. 또한 IT는 비즈니스 방법(비즈니스 모델) 자체를 변혁하고, 원가 구조 자체까지 완전히 혁신할 만큼 무시무시한 힘을 가지고 있다.

그럼, 이 '비즈니스 모델 자체의 변혁'이란 어떤 것일까?

예를 들어 e메일을 생각해 보자. 기업간의 연락 조정은 e메일 동시 전송에 의해 실시간으로 진행된다. 웹상의 정보 발신으로 수주 내용이나 설계 정보도 외주처와 공유할 수 있으며, 또한 생산 진척 정보도 실시간으로 공유할 수 있게 되었다.

따라서 외주비나 여비, 자료 작성이나 회계 등 간접 노무비가 완전히 사라질 가능성이 있다. 즉, e메일이라는 IT가 비즈니스 방법 자체를 크게 변혁시키고 있는 것이다.

이 모든 것들은 결코 꿈같은 얘기가 아니다. 델컴퓨터나 아마존닷컴이 이미 실현했으며, 대기업들도 이미 실행하고 있거나 시스템을 구축하고 있는 중이다.

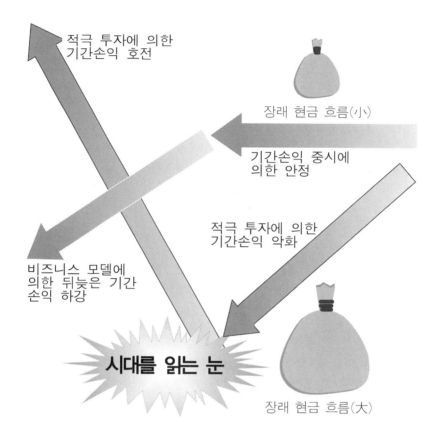

현금 흐름 중시가 기간손익도 호전시킨다

적극 투자에 의한
기간손익 호전

장래 현금 흐름(小)

기간손익 중시에
의한 안정

적극 투자에 의한
기간손익 악화

비즈니스 모델에
의한 뒤늦은 기간
손익 하강

시대를 읽는 눈

장래 현금 흐름(大)

　　선구자에 해당하는 델컴퓨터나 아마존닷컴은 더 나아가 고객 확보도 시작했다. 즉, 고객 데이터베이스를 구축해 최저 비용의 영업 활동으로 최대의 고객 만족을 획득하고 있는 것이다.
　　신제품에 대한 잠재 고객이 어디에 있는지를 고객 데이터베이스를 이용해 언제든 찾아낼 수 있으며, 고객 상황에 맞는 최적의 제안서를 갖고 꾸준히 관계를 유지해 온 담당자와 접촉할 수 있다.

◆ IT 투자가 장래 현금 흐름을 창출한다

그런데 이런 경쟁 상대가 나오고 있는 데도 기존의 원가 관리와 기간손익 관리를 고집하는 것이 과연 현명한 경영 활동일까? 비록 당기 손익은 악화되더라도 장래 이익을 위해 적극적인 설비 투자를 해야 하지 않을까? 선도 대기업이 장래 현금 흐름에 주목하기 시작한 이유는 바로 여기에 있다.

현금 흐름에 대한 해설서에는 대부분 흑자 도산을 피하기 위해 현금 흐름을 검토해 보아야 한다고 기술되어 있다. 그러나 현금 흐름 경영의 본질은 '현금을 얼마나 창출했는지를 보는 것이 아니라, 장래의 현금을 창출하기 위해 현재 현금을 얼마나 사용했는지를 보는 것'에 있다.

특히 상장 기업의 경우, 장래 현금 흐름에 공헌하는 투자 현금 흐름이 현금 흐름 계산서에서 보이지 않으면 그 기업의 주가는 하락하게 될 것이다.

회계 빅뱅이 정말로 대단한 것은 기업 회계 담당자의 의식을 원가에서 장래 현금 흐름으로 변화시킨다는 점이다.

6 품질·비용·시간의 삼위일체로 목표관리를 한다
바이탈 사인 평가 모델로 기업 활동을 평가한다

◆ 바이탈 사인 평가 모델에 의한 패러다임 변화

기업의 경영 활동 평가는 '품질·비용·시간'의 세 가지 지표를 일체화하여 그 균형을 생각해야 한다.

경영 관리를 적용할 때는 이 세 가지 지표가 제각기 실시되는 경우가 많다. 비용의 효율을 중요시하는 회계 부문, 품질을 중요시하는 제조 부문, 시간을 중요시하는 영업 부문이 모두 제 각각의 길을 걷고 있다.

기업의 활동 결과를 품질·비용·시간의 세 가지 지표로 측정하여 달성 목표를 관리하려는 것이 바로 바이탈 사인(Vital Sign) 평가 모델이다.

현행 회계 시스템은 재고 자산을 균일 품질로 평가하고 있으며, 사원을 장래 이익을 창출하는 자산으로 평가하지 않고 비용 항목으로 계상하고 있다.

대부분의 ISO 9000 인증 취득은 공장 단위인데, 고객 입장에서 봤을 때 중요한 품질 대상인 영업 담당자의 세일즈나 애프터서비스 창구 업무는 인증 대상에서 제외하고 있다.

인터넷에 의한 접수나 데빗카드(Debit-card)에 의한 지불 등

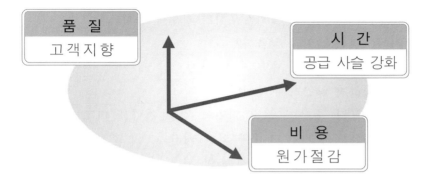

바이탈 사인 평가는 품질·비용·시간을 3차원적으로 평가한다

| 품 질 |
| 고객지향 |

| 시 간 |
| 공급 사슬 강화 |

| 비 용 |
| 원가절감 |

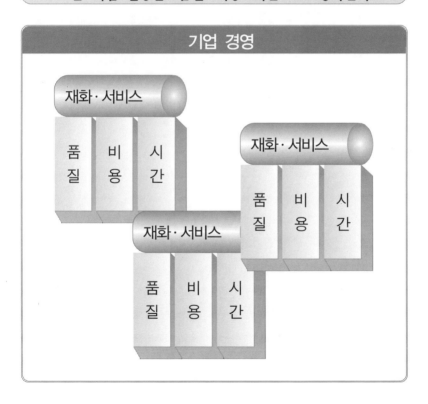

모든 기업 활동을 '품질·비용·시간'으로 평가한다

기업 경영

재화·서비스

| 품질 | 비용 | 시간 |

재화·서비스

| 품질 | 비용 | 시간 |

재화·서비스

| 품질 | 비용 | 시간 |

고객 서비스 향상을 내세운 업무 개선이 빠르게 이뤄지고 있다. 하지만 창구를 통한 인적 대응을 폐지하는 조치가 과연 바람직하다고 할 수 있을까? 오히려 창구를 통한 인적 대응이 환영받는 경우도 있지 않을까?

이런 실수는 모두 품질·비용·시간의 세 가지 지표의 균형을 생각하지 않았기 때문이다.

21세기 IT 활용형 선진 기업의 경영 전략은 바로 품질·비용·시간의 세 가지 지표에 의한 패러독스의 혼합을 최우선으로 한다는 것을 결코 잊어서는 안 된다.

7 가치 창조를 위한 새로운 IT 모델
고객 지향의 IT 모델이란?

◆ 상품 지향에서 고객 지향의 IT로

고객에 대한 부가가치 창조를 이익 획득의 원천으로 하는 새로운 경영 전략을 위해서 단순히 기존의 정보 시스템이나 PC를 활용하는 것만으로는 불충분하다.

POS(판매시점관리 : Point of Sales management)라면, 상품 동향뿐만 아니라 고객 동향까지 포착할 수 있어야 한다.

생산 계획 시스템은 판매 계획의 수립과 자재 소요량 계산만으로는 부족하며, 판매 실적에 기초한 수요 예측과 발주처의 능력 계산까지 필요하다.

인터넷상의 쇼핑몰은 주문 접수만으로 끝나는 것이 아니라, 고객 요구를 데이터베이스화하여 각각의 고객에게 최적의 영업 활동을 실현할 수 있어야 한다.

기존의 정보 시스템이나 PC 활용이 결정적으로 곤란한 이유는 데이터의 주역이 상품, 즉 고객이 아니라는 점에 있다. 다시 말해 상품 정보나 고객 정보 모두 자기 회사의 관점에서 파악한 것일 뿐 고객의 관점에서 본 것이 아니라는 점이다.

IT 활용형 기업에는 '고객의 관점에서 경영 실적이나 계획을

고객 중심으로 공급 사슬 전체를 연결하는 데이터베이스를 구축한다

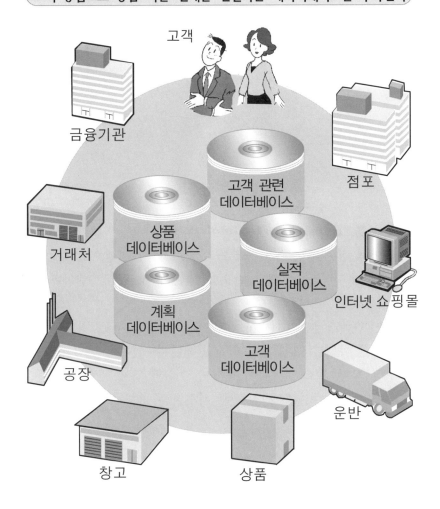

평가할 수 있는 정보 시스템'이 필요하다. 또한 비즈니스 모델 자체를 고객 가치나 고객 만족의 관점에서 새롭게 구축할 필요가 있다.

판매 관리 시스템은 견적이나 수주에서 시작되는 것이 아니라, 고객의 견적 의뢰나 발주에서 시작되어야 한다. 좀더 정확하게 말하자면 고객의 판매처에 대한 수주, 더 거슬러 올라가 수주 획득을 위한 영업 활동에서 시작되어야 한다.

기존의 판매 관리 시스템에도 고객 정보를 집적시킨 데이터베이스는 존재하고 있었다. 그러나 새로운 비즈니스 모델에는 그 내용을 좀더 강화해야 한다.

'고객이 왜 자기 회사 제품을 구입해 주는가?', '고객이 고객으로 존재하는 까닭은 무엇인가?', '영업상 고객의 과제는 무엇인가?' 등의 항목은 관리해두어야 한다.

고객 가치나 고객 만족을 기초로 하는 새로운 비즈니스 모델에서 이익의 원천은 자기 회사의 제품이나 서비스에서 고객의 제품이나 서비스, 즉 고객의 이익 획득에 공헌하는 영업 활동으로 이행한다. 세일즈맨이나 세일즈레이디는 마치 고객 편에 있는 사원처럼 행동해서 고객 입장에서는 마치 둘도 없는 파트너처럼 비춰진다.

이미 20세기 기업 경영에 익숙해진 사람들에게는 믿기 어려운 경영 스타일일지도 모른다. 그러나 현실적으로 델컴퓨터나 아마존닷컴 등 21세기형 기업은 이미 이 새로운 비즈니스 모델을 시작하고 있다.

8 IT 활용 비즈니스 모델의 기본 체계
정보 전략 활용형 기업에 요구되는 것은 무엇인가?

21세기 IT 활용형 기업에 필요한 정보 시스템, 다시 말해 가치 창조를 위한 IT 활용 비즈니스 모델의 기본 체계는 다음과 같다.

① 고객 관련 데이터베이스

고객의 가치 창조를 지원하기 위한 방법을 찾아내기 위한 고객 관련 정보 데이터베이스다. 고객의 신뢰를 획득하여 보다 확실한 파트너십을 확립함으로써 고객이 가진 정보를 직접 공유할 수 있게 된다. 또한 영업 담당자에 의한 영업 활동 이력도 포함된다.

② 상품 데이터베이스

자기 회사의 관점이 아니라 고객의 관점에서 고객에게 어떤 가치를 제공할 수 있는가에 대해 체계화한 상품 정보 데이터베이스다. 고객 관련 데이터베이스와 연동하여 각 고객의 구매 이력이나 요구 사항, 클레임(Claim)도 중요한 정보가 된다. 어떤 한 제품이 각 고객의 눈에는 전혀 다른 상품이 될 수 있다

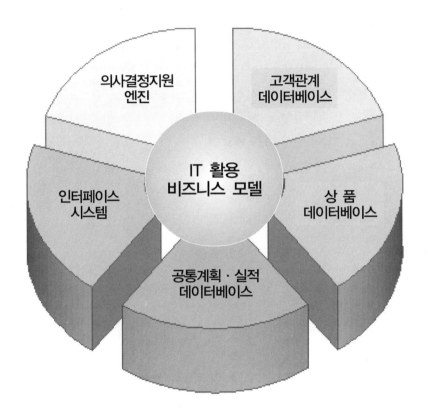

는 생각을 토대로 하고 있다.

③ 공통 계획 및 실적 데이터베이스

판매 관리나 생산 관리, 재무 회계 등 각각 다른 업무로 관리되었던 계획 및 실적 정보를 회사 전체의 공통 데이터베이스로 관리한다. 파트너십을 확립한 거래처와는 정보를 공유하게 된다.

④ 인터페이스 시스템(Interface System)

가치 창조를 위한 IT 활용 비즈니스 모델의 특징은 자기 회사의 이익만 추구하는 폐쇄된 비즈니스 모델이 아니라, 고객이나 거래처도 가치 실현을 위한 파트너로 인식하여 고객이나 거래처에 개방된 비즈니스 모델이어야 한다. 처음부터 '홈페이지나 e메일을 인터페이스 시스템으로 이용하는 고객이나 거래처와의 정보 공유' 실현을 생각해야 한다.

인터넷을 활용한 IT는 빠르게 진화하고 있으며, 사내 정보 시스템과 사외 정보 시스템을 직접 연결하는 구조를 간단히 실현할 수 있게 되었다. 따라서 정보 시스템 범위의 시작과 끝을 자기 회사 업무 범위에서 처음부터 규정해버리는 것은 아주 어리석은 일이다.

⑤ 의사 결정 지원 엔진

고객 가치를 지향하는 새로운 비즈니스 모델에서는 좀더 고도의 의사 결정이 필요하다. 따라서 그것을 지원하는 조직이 요구되고 있다.

주문을 받을 경우에도 과거 고객과의 관련 정보를 분석해 각각의 고객에게 가장 적절하게 대응해야 하며, 자동 보충 발주 시스템의 경우 수요 신장을 예측한 발주 경고를 하는 구조가 바람직하다.

또한 전화 연동 수주 시스템은 가장 최근에 구매했던 단골 고객이나 클레임했던 고객을 경고 표시하는 기능이나, 구매 경향에서 산출한 신상품 안내 촉진 메시지 표시 등이 요구될지도 모른다.

공급망관리 시대의 생존 방식

요즘 유통 분야에서는 인터넷에 의한 직접 판매 증가 등 유통 중개업자를 배제해 유통 비용을 줄이려는 움직임이 두드러지고 있다.

인터넷에 의한 상품 유통의 효율화나 로지스틱스(Logistics)에 의한 물류의 효율화 진전은 중간 물류업자의 존재 의의를 위협하고 있으며, 물류의 기본 기능 중에서 정보 기능에 대한 집중·강화가 중요시되고 있다.

공급 사슬에서 제조회사는 최종 소비자 동향을 신속하고 정확하게 파악해 시장 수요에 대응하는 공급 체제를 만들어야 하며, 소매업은 상품 정보나 지역 동향을 신속하고 정확하게 파악해 고객 요구에 대응한 상품을 진열할 필요가 있다.

도매업에 요구되는 것은 소매업의 판매 상황을 수집하여 제조회사에게 최종 소비자 동향을 전달하는 것과 제조회사의 상품 정보나 타지역의 판매 동향을 수집해 소매업에 제공하는 '정보의 중계'다. 따라서 인터넷 시대에 유통업자의 새로운 경영 사명은 '물류 중계'에서 '정보 중계'로 변화한다.

◆제조회사에는 꼼꼼한 판매 실적 데이터를 제공

아이치(愛知)현 이치노미야(一宮) 시에 있는 게임기용 소프트웨어 판매 프랜차이즈 체인 사업체인 아쿠토에서는 제조회사와 판매점 사이에서 정보 중계업으로 경영의 핵심 사업을 바꾸고 있다.

아쿠토의 새로운 시스템에서는 프랜차이즈 점포에 설치된

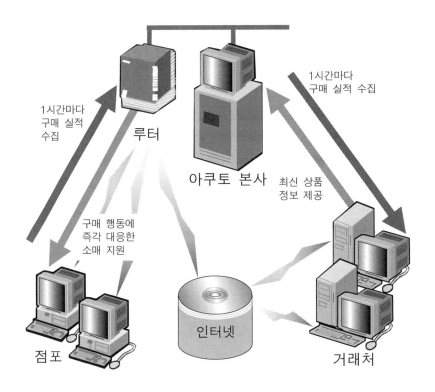

1시간마다
구매 실적
수집

루터

1시간마다
구매 실적 수집

아쿠토 본사

최신 상품
정보 제공

구매 행동에
즉각 대응한
소매 지원

인터넷

점포

거래처

POS PC에서 인터넷을 경유하여 1시간 단위로 언제 어디서 누가 무엇을 샀는지 알 수 있는 구매 실적 데이터를 수집하고 있다. 그 결과 제조회사에 대해서는 신제품 등 최신 판매 동향 정보를 제공할 수 있게 되었다.(그림 참조)

프랜차이즈 점포에 대해서는 데이터 웨어하우스나 GIS 등에 의한 꼼꼼한 마케팅 분석을 제공함으로써, 단순한 구입처가 아니라 마케팅 참모로 공헌하는 것을 목표로 하고 있다.

포스터 등의 POP 정보 구매 동향이나 POP 효과에 관한 정보를 토대로 작성된 새로운 콘텐츠를 인터넷으로 다운로드할 수 있다. 지금까지는 주간 단위로 실시되었던 판매 촉진 활동을 몇 시간 단위로 할 수 있게 된 것이다. 또한 델컴퓨터나 아마존닷컴처럼 홈페이지나 e메일을 이용한 고객별 정보 발신도 이루어지고 있다.

점포 영업 담당자에 의한 인적 지원 활동도 더욱 강화되어 일 대 일 소매 지원(one to one retail support)으로 '물건뿐만 아니라 정보를 중계하는' 새로운 유통업 형태를 목표로 하게 되었다.

도매업자는 앞으로 정보 중계업으로 상품이나 점포, 최종 고객 등에 관한 지식을 가장 중요한 자산으로 여겨야 할 것이다. 제조회사나 소매업자로부터 정보를 수집하여 그 정보가 무엇을 의미하는지 파악한 다음, 지식으로 변환한 것을 제조회사와 소매업자에게 되돌려주는 것이다.

그러나 정보만을 중계한다면 물류의 직접화로 인해 배제될 운명에 놓일 것이다. 앞으로는 정보를 지식으로 변환할 수 있는 우수한 인재야말로 도매업자가 필요로 하는 인재다. 따라서 도매업자에게는 인재 육성을 위한 투자가 최우선 과제다. 비록 상품력 있는 재료를 찾았다 하더라도 그 재료를 제조하는 쪽이 직접 판매한다면 도매업자에게 들어갈 여지는 없는 것이다.

제3장

IT에 의한 마케팅 혁신

제3장 요약

20세기는 동질화의 시대였다. 대량 생산·대량 소비로 대부분은 손에 넣을 수 있었지만, 자신의 요구에 맞는 정말 원하는 것은 손에 넣을 수 없었다. 그러나 21세기에는 IT의 발전으로 고객 개개인이 지금보다 훨씬 자신의 요구에 맞는 상품이나 서비스를 제공받을 수 있게 되었다.

고객이 만족할 수 있는 상품이나 서비스가 나온다면 규격화된 상품에 고객이 과연 만족할 수 있을까? 21세기는 고객 개개인에게 최대 만족을 제공하는 시대라고 할 수 있다.

이 장에서는 그런 변화를 가져오기 위한 조건이 되는 고객 데이터베이스 구축과 고객과의 쌍방향 네트워크 확립 등 고객의 요구를 확실히 파악하여, 고객 개개인의 최대 가치를 실현시키는 고객 관계 지향 IT 경영에 대해 마케팅 분야의 변화를 소개한다.

델컴퓨터나 아마존닷컴의 인터넷 비즈니스에서 볼 수 있듯이, IT를 활용하여 고객 요구를 보다 깊이 이해한 마케팅을 실천하고 있는 기업이 성공을 거두고 있다.

따라서 더 나은 고객 만족을 가져다주는 업무 관리 수법으로 SFA(Sales Force Automation)와 그것을 가능케하는 지식 경영 및 ABC(Activity Based Costing)에 관심이 집중되고 있다.

또한 보다 정확한 고객 동향을 파악할 수 있게 해주는 데이터 웨어하우스, GIS(지리정보시스템), CTI(Computer Telephony Integration)의 향후 발전에도 주의를 기울여야 한다.

1 원투원 마케팅을 실현하는 첨단 IT
개별 수요에 대한 마케팅이 가능하도록 한다

◆ 매스 마케팅에서 원투원 마케팅으로

마케팅 분야에서는 매스 마케팅(Mass Marketing)에서 원투원(One To One) 마케팅으로의 전환이 더욱 중요해지고 있다.

기존의 마케팅 스타일은 거리의 도장 가게에서 그 본질을 볼 수 있다. 가게 앞에는 수많은 성씨 중에서 상위를 차지하는 성씨가 새겨진 도장이 진열되어 있다.

제조하는 측이나 판매하는 측에도 재고 리스크가 적으며, 수요가 적은 성씨의 도장은 주문 제작하거나 맞춤 제작하게 된다. 이런 판매 스타일은 지금까지 업종을 불문하고 상식으로 여겨져 왔다.

소수파는 그 특수성 때문에 어떤 것을 사든 비싸니까 자신의 요구에 맞는 것을 찾아내는 것이 어려워진다. 가게에 진열된 상품은 점점 그 종류가 줄어들어 우리들의 생활 복장이나 소지품들이 대부분 비슷비슷해진다고 할 수 있을 것이다. 이것은 비단 '소수파'가 아니더라도 자기가 정말로 원하는 것을 찾는 고객에게는 달갑지 않은 상황이다.

동질 집단에 베터(better)를 제공하는 매스 마케팅

개개인, 각 회사에 베스트를 제공하는 원투원 마케팅

◆ IT를 활용한 원투원 마케팅

전국의 각 코카콜라 보틀러스사에서는 자동판매기에 새로운 아이디어를 추가했다. 자판기에 마이크로 컴퓨터를 장착해서 어떤 종류의 상품이 언제 팔렸는지 실시간으로 물류 센터에 전

송하는 것이다. 가장 인기 있는 상품이 먼저 다 팔린 뒤에 2위 상품이 다 팔린 상황까지 파악할 수 있다면 전략적으로 가장 인기 있는 상품은 수요에 맞춰 2열 배치할 것이다.

또한 힐튼호텔은 아메리칸익스프레스와 제휴해 신용카드에 고객의 객실 취향 정보를 기억시켜 두고, 고객이 신용카드를 접수 부스 기기에 꽂기만 하면 체크인 되어 고객 취향에 맞는 객실 열쇠와 코스 안내를 받을 수 있게 했다.

델컴퓨터는 홈페이지상에서 고객이 PC를 자기가 원하는 사양으로 주문할 수 있도록 했다.

리바이스는 고객 체형을 기록해두고 고객이 다시 매장에 방문하면 이전에 구입한 것과 같은 사이즈의 청바지를 구입할 수 있게 했다.

여기에 든 사례에서 공통된 점은 상품이나 서비스를 고객이나 지역과의 관계 속에서 관리하고 있다는 점이다. 그리고 그것을 가능케 하는 것이 바로 IT 활용이다.

이런 원투원 마케팅을 가장 먼저 시작한 기업이 고객에게 가장 바람직한 상품이나 서비스를 제공하게 되면, 그보다 뒤진 2위 이하 기업의 상품이나 서비스는 전혀 팔리지 않게 될지도 모른다.

2 고객 관계에서 시작되는 전자상거래(EC)

인터넷 쇼핑을 성공시키는 열쇠는 무엇인가?

◆ 상거래(Commerce)의 본질을 이해한다

인터넷 쇼핑 웹 사이트가 급증하고 있다. '비싼 통신 요금과 느린 통신 속도만 개선되면 인터넷 쇼핑이 더욱 성공할 것이다'라는 목소리도 있다.

그러나 과연 정말 그럴까? 아무리 통신 요금이 아주 싸지고 통신 속도가 빨라졌다 하더라도 이용되지 않던 것은 이용되지 않는다.

현재 성공을 거둔 웹 사이트는 인터넷상의 상거래 = 전자상거래(EC : Electronic Commerce)가 본래 갖고 있는 본질, 더 정확하게 말하자면 상거래의 본질을 이해하고 있는 것이다.

그럼 'Commerce' = 상거래의 본질이란 무엇일까? 상거래란 '시즈(Seeds)를 제공하는 공급자와 니즈(Needs)를 발신하는 고객(Customer)과의 정보 교환에 기초한 가치 교환 활동'이라고 말할 수 있다.

대다수 쇼핑 사이트는 적은 자금으로 큰 이익을 얻을 수 있다고 오해하고 있다. 그러나 실제로는 '방문 접속 수가 올라도 매출 실적은 오르지 않는' 것이 현실이다.

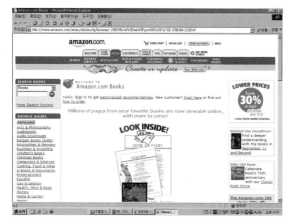

amazon.com의
쇼핑 웹 사이트

왜냐하면, 인터넷 이용자는 상거래의 가치 교환에 필요한 정보 교환, 다시 말해 정보 수집 활동을 위해 인터넷을 이용하고 있기 때문이다.

고객의 구매 활동에서 가장 중요한 활동은 정보 수집이므로, 정보 수집 타이밍과 구매 행동 타이밍이 반드시 일치하지는 않는다. 따라서 단기적으로 이익을 얻지 못하면 많은 쇼핑 사이트들이 탈락하게 된다. 그렇게 되면 '고객과의 정보 교환'을 경시한 것이 되므로, 전자상거래 이전에 상거래의 본질에서 벗어나게 된다.

◆ 고객 지향으로 성공하는 홈페이지

그러나 웹 사이트의 최대 이점은 고객에게 상품 정보를 얼마든지 제공할 수 있으며, 그 정보를 무인으로 24시간 인터넷을 이용할 수 있는 전 세계 사람들에게 제공할 수 있다는 점에 있다. 고객은 성공적으로 구매하기 위해 충분한 판단 재료로서 정보를 원하고 있기 때문에, 그 고객의 정보 수집 활동을 지원하면서 자기 회사 상품을 구입할 수 있도록 유인하는 것이 매우 중요하다.

전자상거래에서 성공을 목표로 하는 기업은 우선 자기 회사의 상품 카탈로그나 영업 담당자의 말을 웹화해야 한다. 보다 상세한 정보를 희망하는 방문자에게는 카탈로그 등 자료 발송 서비스도 게을리해서는 안 된다.

카탈로그 발송 서비스를 폐지하고 홈페이지상에서만 상품을 선택하게 하는 웹 사이트도 있지만, 이것은 상거래의 본질에서 본말이 전도된 것이라고 할 수 있다.

정보 수집 활동은 누구나 인쇄화된 카탈로그를 보면서 자신이 원하는 상품을 차분히 선택하고 싶어 한다. 상품에 대한 설명이 상세히 나와 있는 인쇄 카탈로그, 웹의 인기 상품 베스트 10처럼 동적인 정보 제공 등을 짜맞춘 것이 고객의 정보 수집 활동을 지원하게 된다. 때문에 고객의 관점에서는 상품을 선택하는데 그다지 실수는 일어나지 않는다.

전자상거래에서도 중요한 것은 고객의 정보 수집 활동에서 얼마나 자기 회사의 이미지를 전달할 수 있는가에 달려 있다. 첫번째 방문에서 구입하는 사람도 있을지 모르지만, 다른 웹 사이트를 모두 둘러보고 난 뒤 두세 번 접속한 후에 구입하는 사람이 많다.

한편, 고객은 되도록 정보 수집 활동에 걸리는 시간을 단축하고 편하게 쇼핑하기를 원한다. 자신의 요구를 존중하고 자신에게 가장 유리한 쇼핑 정보를 제공해주는 기업이 있다면 고객은 그 기업을 신뢰하고 지속적인 구매를 시작하게 될 것이다.

3 쇼핑 사이트의 성공 조건
델컴퓨터와 아마존닷컴 웹 사이트의 공통점

델컴퓨터나 아마존닷컴은 성공한 쇼핑 사이트의 대표적인 예라고 할 수 있다.

두 회사의 웹 사이트가 성공할 수 있었던 공통점은 다음의 세 가지가 있다.

① 압도적인 정보 제공량
② 고객과 연결된 맞춤 정보 제공
③ 제품과 서비스의 조합에 의한 고객 만족의 최대화

◆ 압도적인 정보 제공량

정보 제공량을 충실히 하기 위해서는 우선 상품 정보를 데이터베이스화하는 것이 필요하다. 영업 자료도 대부분 홈페이지에서 제공할 필요가 있다.

이때 제공하는 정보는 공급자의 관점에서가 아니라 구매자의 관점에서 체계화 되어 있어야 한다.

고객의 감상도 아주 중요한 정보가 된다. 아마존닷컴의 인기 서적 정보나 구입자의 서평 데이터베이스는 고객의 관점에서 정보를 제공하는 좋은 사례라고 할 수 있다.

델컴퓨터의 홈페이지

◆ 고객과 연결된 맞춤 정보 제공

이것은 고객과의 신뢰 관계 구축을 목표로 하는 것이며, IT 경영에 필수 과목이라고도 할 수 있는 고객 데이터베이스 구축이 반드시 필요하다.

처음 거래할 때 각 개인이나 회사의 기본 속성 정보를 획득해, 그 후의 구매 이력이나 영업 활동 이력(클레임도 중요한 정보원)을 기록해 나감으로써 각 고객의 요구에 맞는 정보 제공이 가능해진다.

델컴퓨터가 각 거래처에 제공하는 프리미엄 홈페이지나 아마존닷컴이 각 고객의 취향에 맞는 신간을 소개하는 e메일이 바로 원투원 마케팅의 묘미라고 할 수 있다.

◆ 제품과 서비스의 조합

이것도 고객 지향적 사고에 입각한 것이다. 고객은 상품 자체에 대한 흥미도 상당히 높지만, 다양한 상품이나 서비스의 조합에서 얻을 수 있는 편익에 흥미를 가진다. 차를 구입하는 사람은 주차장을 찾을지도 모르고, 자동차 용품이나 보수 서비스 구매 의욕도 있을 것이다.

고객의 관점에서 보면 제품과 서비스는 떼려야 뗄 수 없는 관계지만, 그것은 타사 제품이나 서비스의 조합과는 무관하다. 델컴퓨터의 PC 물류를 담당하고 있는 페더럴 익스프레스의 서비스는 고객 입장에서 보면 일체화된 것으로 보이며, 실제로 두 회사는 IT로 일체화된 서비스를 고객에게 제공하고 있는 것이다.

이제는 기업 장벽을 초월하여 고객의 생활이나 비즈니스에 더 가까운 상품을 기획할 수 있는 기업 그룹이 전자상거래의 승자가 될 수 있다. 인터넷 쇼핑몰은 공급자와 고객을 잇는 연결점(Connection)이라고 할 수 있지만, 사실 공급자간 연결점이나 기업간 전자상거래(B2B)의 실현이야말로 21세기 IT 경영이라고 할 수 있다.

4 타깃을 좁히는 웹 전략
인기 사이트, 비인기 사이트의 분리

인터넷 비즈니스를 하고 있는 웹 사이트 중에는 접속 수가 상당히 많은 소위 '인기 사이트'가 있는 반면, 접속 수가 적은 '비인기 사이트'도 존재하고 있다. 인기 사이트와 비인기 사이트로 나뉜 이유는 그 사이트의 제공 목적에 있다고 생각할 수 있다.

◆ '판매냐, 지원이냐?' 그 목적을 명확히 한다

웹 페이지를 작성할 경우 가장 중요한 것이 바로 목적이다. 누구에게 무엇을 제공하는지 명확히 해두는 것이 중요하다.

최종 소비자에 대한 통신 판매를 목적으로 하는지, 상품 정보 제공 등 소비자 지원에 의한 소매 점포의 판매 촉진을 목적으로 하는지, 소매 점포에 대한 직접적인 소매 지원(Retail Support)을 목적으로 하는지, 각각 그 목적에 따라 웹 페이지의 구성이 크게 달라진다.

또한 세일즈 지향이라는 측면뿐만 아니라 구매업자에 대한 상품 제안 모집 등 바이어 지향이라는 측면에서도 검토해야 한다. 단순히 거래처 모집이나 상품 제안 모집 같은 웹 페이지가

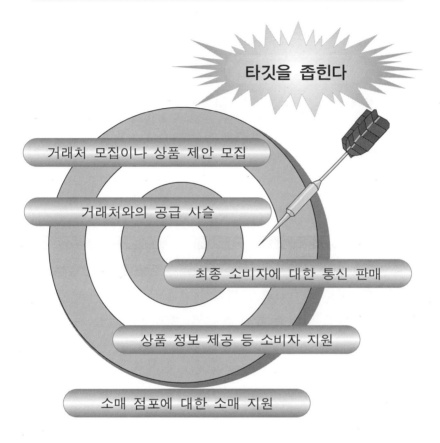

웹 페이지가 무엇을 목표로 하는지 명확히 한다

타깃을 좁힌다

거래처 모집이나 상품 제안 모집

거래처와의 공급 사슬

최종 소비자에 대한 통신 판매

상품 정보 제공 등 소비자 지원

소매 점포에 대한 소매 지원

목적이라면 특별히 내용에 공을 들이거나 자주 갱신할 필요도 없다. 그리고 영어판 웹 페이지를 만들어두면 구입처나 거래처를 해외에서 찾을 수도 있다.

◆ 타깃이 필요로 하는 정보를?

사실 비인기 사이트는 대부분 처음부터 제공 목적이 불분명하다. 필자의 웹 페이지는 사실 '문자 정보뿐이라서 어렵다'고

들 한다. 그러나 나는 그 말에 별로 신경 쓰지 않는다. 그것은 이 책과 마찬가지로 IT 경영에 흥미를 갖고 있는 사람만 대상으로 하기 때문이다.

인터넷을 이용하는 사람 중에서 윈도우 쇼핑처럼 막연히 넷 서핑만 하는 사람은 별로 없다. 적어도 야후 등의 포털 사이트에서 검색한 후 웹 페이지를 접속할 때는 명확한 방문 목적을 갖고 있을 것이다.

따라서 쇼핑을 한다면 빨리 상품에 대해 알고 싶을 것이고, 기업에 대해 알고 싶다면 빨리 사업 내용이 있는 페이지에 접속하고 싶을 것이다.

그럼에도 불구하고 예쁘게 장식된 톱 페이지(Top page)가 느릿느릿 표시되고, 흥미도 없는 회사 개요를 보여주는 사이트가 상당히 많다.

웹 페이지를 성공시키기 위해서는 누구에게 보이고 싶은지, 보여주고 싶은 목적을 좁혀 필요한 정보만 제공할 필요가 있다. 장식보다는 내용의 충실도가 중요하며, 계속적으로 갱신할 수 있는 환경을 만들어두는 것이 필요하다.

5 고객 로열티 지향의 SFA
SFA로 고객 만족을 판매한다

SFA(Sales Force Automation)가 주목을 받고 있다. 이것은 '영업이라는 아주 인간적인 일에 대해 합리적인 관리 방법을 결부시키겠다'는 시도다.

SFA의 도입 효과는 단기적인 업적 호전만으로는 평가할 수 없다. 장기적으로 봤을 때 '기존 고객이 떠나지 않고 신규 고객까지 획득할 수 있는가'가 평가 기준이 된다.

◆ 영업 활동의 관리 기법, SFA

SFA의 기본적 사고는 영업 활동을 몇 가지 측면으로 구분하여, 자칫 개인에게 일임하는 듯한 영업 활동을 관리할 수 있게 함으로써 품질이나 효율성 향상을 꾀하려는 프로세스 관리에 있다.

SFA는 제조 부문에서 당연시되는 업무 표준화로 영업 부문에서도 피드백(Feed-back)이나 피드포워드(Feed-forward)를 가능하게 하여 각 공정의 진행 사항 관리나 품질 개선 활동을 할 수 있도록 하는 것을 목표로 하고 있다.

그러나 자동화는 말처럼 그리 간단하지 않다. 공정 수가 너

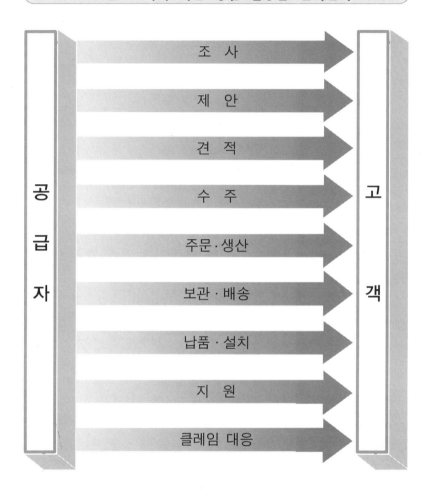

SFA는 고객에 대한 영업 활동을 관리한다

공급자

조 사
제 안
견 적
수 주
주문·생산
보관·배송
납품·설치
지 원
클레임 대응

고객

무 많으면 관리 업무가 번잡해져서 생산성이 떨어질 뿐만 아니라, 표준 공정에 적합하지 않은 변칙 안건에 대한 대응력이 저하되어 오히려 실수를 유발하기 때문이다.

SFA를 도입한 기업은 대부분 영업 부문의 강화를 목표로 하고 있다. 그러나 SFA로 생산성 향상을 바라는 것은 아주 위험한 생각이다.

고객이 웹 사이트에 요구하는 것은 신속함이 아니며, 정보 수집에 시간을 충분히 투자할 수 있는 고객은 기계적인 영업 접대를 바라지 않는다. 바로 자신을 위해 시간을 아끼지 않고 정보를 제공해주는 영업 담당자를 원하는 것이다.

SFA를 도입한 기업이 단기적으로 생산성 향상을 실현해 업적을 호전시켰을지라도 고객의 로열티는 저하시키고 있을지도 모른다. 그렇게 되면 고객은 더 친절한 업자를 찾아갈 것이다.

SFA는 고객 지향에 기초한 것이어야 한다. 기업의 형편에만 맞춰 업무를 표준화하거나 공정을 분할해서는 절대 안 된다.

SFA에서 영업 활동의 공정을 분할할 때도 반드시 고객의 관점에서 생각해야 한다. 영업 활동을 조사, 제안, 견적, 수주, 납품, 지원, 클레임 대응 등 고객의 관점에서 본 영업 측면으로 구분함으로써 각 활동을 재검토하거나 개선할 수 있으며, 과거 또는 다른 영업 담당자의 지식이나 경험을 살릴 수 있게 된다.

SFA는 고객의 생산성과 품질 향상을 위해 도입함으로써 고객 만족을 향상시켜서 고객 관계를 강화하는 것이다.

6 SFA와 지식 경영, ABC
SFA가 실현해야 할 IT 경영

고객 만족을 향상시켜서 고객 관계를 강화하는 것을 목적으로 한 SFA가 실행해야 할 IT 경영에는 두 가지가 있다.

하나는 각 영업 활동을 통해 얻을 수 있는 고객 만족에 유용한 정보 수집과 활용이며, 다른 하나는 영업 활동 전체의 통제이다.

◆ 지식 경영과 ABC

첫째, 정보 수집과 활동은 '지식 경영(Knowledge Management)'이라고 불리며 기업에 아주 중요한 자산이 된다. 모든 영업 담당자가 자기 회사의 영업 담당자가 과거에 수집한 영업 활동에 필요한 지식을 활용할 수 있다면 기업의 영업력이 강화될 뿐만 아니라, 고객에게도 최고의 주문을 받을 수 있게 될 것이다.

따라서 SFA 성공의 열쇠는 고객에게 유익한 지식을 얼마나 데이터베이스화할 수 있는가, 그리고 그 지식을 영업 담당자가 얼마나 적절히 활용할 수 있는가에 달려 있다고 할 수 있다. 그러나 데이터베이스화하더라도 고객에게 이용하지 못하면 아무런 의미가 없다.

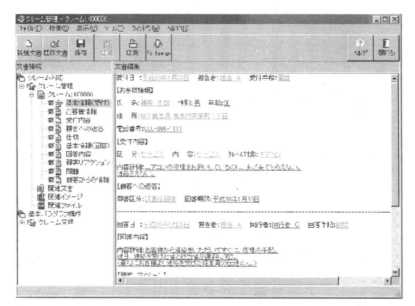

↑ 지식 경영 소프트 '날리지 서버'(NTT 데이터통신)를 이용한 SFA 애플리케이션 화면.
날리지 서버에서는 입력된 정보를 문서, 패러그래프, 용어라는 지식 체계로 정리 축적하여 관계자간에 공유하고 활용할 수 있다.

예를 들어 과거의 제안서를 데이터베이스화했다 하더라도 영업 담당자가 그것을 참조할 의사와 능력이 없다면 아무런 의미가 없는 것이다.

둘째, 영업 활동의 통제는 ABC(Activity Based Costing : 활동기준원가계산)와 깊이 관련되어 있다. SFA의 실패 사례 중 대부분이 영업 활동의 통제에 대해 잘못 생각하고 있다. 자기 회사의 비용 절감에만 중점을 둔 영업 활동의 효율화는 절대로 해서는 안 된다.

예를 들어 접대비 축소는 낭비를 없애는 반면, 앞으로 가치를 창출할 활동까지도 제한하게 된다. 가치를 창출하지 못하는 활동은 축소하고, 가치를 창출하는 활동은 기간손익에 영향을 끼치더라도 오히려 확대하는 것이 필요하다.

영업 활동의 통제는 반드시 필요하다. 문제는 그 통제 기준이 기간 이익주의나 매출 목표주의에 의한 것이 아니라, '고객 만족의 관점에서 그 활동이 가치를 창출하느냐 그렇지 않느냐'에 있다.

평가 기준으로 ABC가 필요하다. 평가 기준 위에서 각 활동을 평가하고 난 후 효율화나 활동 내용을 강화해 나가는 것이 SFA에 의한 통제의 본질이다.

당기 이익 증가를 목표로 한 영업 활동의 통제는 앞으로 거래가 증가할 수 있는 더욱 중요한 고객에 대한 대응력을 약화시킬지도 모른다. 고객과의 관계를 오래 유지하고 신뢰 관계를 키워나간다면 서로에게 더 큰 가치를 창출할 수 있다는 것을 SFA의 대전제로 이해하는 것이 필요하다.

7 고객 로열티를 측정하는 데이터 웨어하우스
경영상의 의사 결정을 좌우하는 데이터 웨어하우스

◆ 데이터 웨어하우스란?

'데이터 웨어하우스(Data Warehouse)'는 수주나 출하, 판매나 구매, 제품 등 매일 발생하는 전표 정보나 고객 개인 기록 등의 생생한 데이터를 컴퓨터에 기록하여 업무 분석이나 장래 예측에 활용하는 것을 목적으로 한다.

지금까지는 보통 주간(週間) 또는 지구(地區)별 매출액처럼 미리 목적별로 집계한 데이터를 축적해 출력했지만, 데이터 웨어하우스에서는 생생한 데이터를 가공하지 않고 그대로 시계열적으로 컴퓨터에 축적해두고, 필요할 때마다 자유롭게 조건을 지정하여 다각적인 집계나 그래프 작성을 할 수 있다.

기존의 컴퓨터 시스템으로는 변화무쌍한 최근 트렌드를 데이터에서 파악하기 힘들뿐만 아니라 전략 입안을 잘못할 우려도 있었다.

최근에는 백화점이나 슈퍼마켓 등이 데이터 웨어하우스를 이용하여 상품 실적 정보와 함께 고객 속성 및 구매 이력 데이터로 고객 개개인의 구매 요구를 추측하여 영업하는 원투원 마케팅을 실천하기 시작했다.

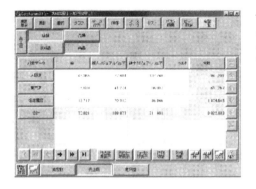

← 데이터 웨어하우스 소프
트웨어 'Data Nature'를
사용하여 '의류품 매출'을
'드릴다운'한 화면

　기존의 컴퓨터 시스템에서도 매출 성적 순위표나 전년도 대
비 등의 집계표를 출력할 수 있으며, 표 계산 소프트웨어에 데
이터를 입력하면 다양한 집계나 그래프 작성을 할 수 있었다.
그러나 데이터 웨어하우스를 이용하면 다각적인 분석을 할 수
있다.

　또한 표 계산 소프트웨어는 복잡한 집계나 통계 해석을 하거
나 영업 보고, 생산 계획 작성, 할당 계산과 같은 전표 단위의
계산에는 위력을 발휘할 수 있지만, 매일의 영업 실적을 합계
하거나 실적이 큰 순서대로 다시 나열하는 작업에는 번거로우
며, 대량의 데이터를 집계할 때는 아주 시간이 많이 걸린다.

　그에 비해 데이터 웨어하우스에서는 데이터베이스 소프트웨
어로 보관되어 있는 대량의 데이터를 직접 파악할 수 있을 뿐
만 아니라 조작도 직감적으로 한다.

　이렇게 획득한 업무 분석을 이용할 때 데이터 분석자에게 필
요한 것은 처음에 세운 가정이 현실과 맞지 않으면 미련없이
분석 결과를 단념하는 것이다. 고객의 요구 변화가 다양화되고
빠르게 변화하는 지금은 느긋하게 의사 결정을 하고 있을 여유
가 없다.

백화점 등의 고객 데이터베이스 담당자는 밤을 새워 고객 데이터에 대한 가정을 세우고 검증하여 고객 행동에 대한 해답을 찾아내기 위해 노력하고 있다. 애써 발견한 해답도 고객의 생활 방식의 다각화와 유동화로 인해 금방 진부화되어 버린다.

데이터 웨어하우스는 그런 가정 검증을 위한 스크랩 앤드 빌드(Scrap and Build : 비능률적인 설비를 폐기하고 고능률의 신예 설비로 바꾸어놓는 것)를 실현하는 수단이라고 할 수 있다.

◆ Data Nature에 의한 데이터 웨어하우스의 실례

데이터 웨어하우스 소프트웨어 'Data Nature'를 예로 들면, 데이터 항목명이 자동적으로 버튼화 되어 있어서 버튼만 누르면 관련 데이터 항목만 표시된다.

또한 데이터 웨어하우스 소프트웨어의 기본 기능인 '슬라이스(Slice)', '다이스(Dice)', '드릴다운(Drilldown)'도 실행할 수 있다.

'슬라이스'는 조건에 의한 데이터 입력, '다이스'는 입력된 데이터의 크로스 집계 전환, '드릴다운'은 크로스 집계 항목의 전개(가령, 어느 점포명 버튼을 누르면 그 점포 속의 매장명 버튼으로 크로스 집계를 할 수 있다)할 수 있다.

이처럼 데이터 웨어하우스 소프트웨어를 이용하면 누구나 간단히 데이터베이스상의 데이터를 분석할 수 있다.

8 데이터 웨어하우스의 활용 요점
통계적 지식과 현장 관찰이 중요

◆ 데이터 웨어하우스는 믿을 수 있다

예를 들어, 데이터 웨어하우스를 활용하여 고객의 구매 이력 데이터에서 어떤 브랜드의 핸드백이 최근 30대 여성에게 아주 인기가 있다는 결과가 나왔다고 하자.

그런데 이것은 아직 가정에 지나지 않는다. 무엇보다도 30대 여성이 정규 분포 형태로 가게에 찾아온다고는 볼 수 없기 때문에, 30대 전반과 20대 후반을 합한 25세~35세까지를 목표로 해야 할 지도 모른다.

또한 인기 있는 핸드백에 대해서도 신중해질 필요가 있다. 어떤 특정한 컬러나 형태, 가격대에만 집중되어 있을지도 모르기 때문이다. 구매 동향은 평균뿐만 아니라 분산(분포)를 보지 않으면 판단할 수 없다.

게다가 요객 요구의 유동화 관점에서 이 호황이 지속적인 것인지에 대해서도 판단할 필요가 있다. 단기적인 유행일지도 모르고, 다른 회사의 유사 제품 부족으로 인한 대체 구매일 가능성도 있다. 또한 '옷과 세트로 유행했다'는 식으로 다른 상품이 영향을 끼쳤을지도 모른다.

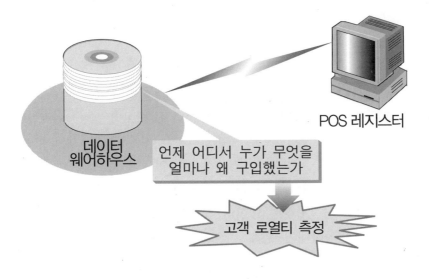

POS 레지스터와 데이터 웨어하우스로 고객 로열티를 알 수 있다

데이터
웨어하우스

POS 레지스터

언제 어디서 누가 무엇을
얼마나 왜 구입했는가

고객 로열티 측정

그렇기 때문에 옷의 재고 수(자기 회사뿐만 아니라 시장 전체의 출하 수)를 무시하고 핸드백의 발주 수를 늘린다 해도 팔리지 않을 것이다. 또한 그렇게 발주했을 경우에는 이미 옷과 핸드백 세트의 유행이 지났을지도 모른다.

데이터 웨어하우스는 형체가 복잡해서 언뜻 보기에 본질을 발견하기 어려운 대상에 대해 시행착오를 거듭하면서 해답을 찾아내는 작업을 강력하게 지원해준다. 조작도 간단하며 계산 결과도 바로 그래프화 된다. 하지만 해답이 바로 나온다고는 할 수 없다.

데이터 웨어하우스를 이용하고 있는 사람 중에는 통계 지식도 없고, 현장도 보지 않은 채 데이터만으로 판단해버리는 사람들이 있다. 이것은 대단히 위험하다. 데이터를 보려면 통계에 대한 센스가 필요하므로, 오히려 현장을 잘 관찰하는 사람의 직감이 더 올바른 경우가 많다.

설령 컴퓨터업자가 데이터 웨어하우스의 우수성을 강조했다 하더라도, 그것을 구사하려면 뛰어난 분석가를 육성할 필요가 있다는 점을 잊어서는 안 된다.

◆ 데이터 분석 대상은 상품에서 고객으로

대량으로 축적한 POS 실적 데이터를 데이터 웨어하우스로 분석하는 스타일은 앞으로 일반화될 것이다. 하지만 기존의 출력된 POS 분석 보고서와 별로 차이가 없는 분석 결과 밖에 나오지 않는다면 데이터 웨어하우스를 이용할 가치가 없다.

앞에서도 서술했듯이 데이터 웨어하우스는 고객 개개인의 구매 요구를 알아내기 위해 이용하는 것이며, 그러기 위해서는 각 상품의 판매 실적 데이터가 아니라 고객 개개인의 구매 이력 데이터를 활용해야 한다.

고객 개개인의 구매 이력 데이터에 대해 데이터 웨어하우스를 이용해서 분석하면, 각 고객의 구매 빈도나 구매 간격 등을 파악할 수 있다.

예를 들어 구매 빈도가 높은 고객을 단골 고객으로 파악할 수 있으며, 구매 간격을 시계열 분석함으로써 구매 간격이 이전보다 길어진 고객이 있다는 것을 발견할 수 있는 것이다. 즉, 구매 간격이 이전보다 길어진 고객의 경우에는 경쟁 점포의 등장 등 고객이 자기 회사가 제공하는 가치를 낮게 평가하고 있다는 것을 경고해주는 지표가 될 수 있다. 따라서 데이터 분석 대상은 상품 실적에서 고객 실적으로 이동하고 있다.

9 GIS가 실현하는 고객 감지 레이더 기능
고객 행동은 POS 데이터만으로는 볼 수 없다

◆ GIS(지리정보시스템)이란?

'보험회사 영업 사원 A씨는 아침에 출근하자마자 오늘 방문할 곳을 확인하기 위해 컴퓨터의 전원을 켰다. 그러자 화면에 A씨가 소속된 영업소가 관할하는 지역의 지도가 표시되고, 아직 방문하지 않은 지역의 주택이 붉은 색으로 표시되었다.

A씨가 방문할 곳을 선택하자 지도상에는 순식간에 A씨의 이동 루트를 나타내는 흰색 줄이 표시되고, 지도 옆에는 주거자명, 주소, 전화번호, 방문 이력, 보험 가입 상황을 나타낸 일람표가 표시되었다.'

이것이 바로 'GIS(지리정보시스템 : Geographic Information Systems)'이다. 지리 정보 시스템에서는 지리적 위치 정보를 가진 자연이나 사회 등 다양한 속성의 데이터를 지도상에 서로 통합시킬 수 있다.

지금의 전자 지도 정보에는 지형 같은 자연적 요소뿐만 아니라 건물이나 교통망, 산업 정보, 생활 정보 등 넓은 의미의 지리적 정보를 통합할 수 있다.

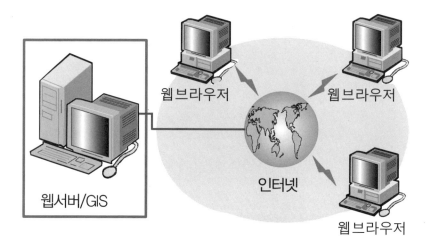

GIS의 구조

웹브라우저 웹브라우저

인터넷

웹서버/GIS

웹브라우저

◆ GIS의 새로운 전개

지리 정보 시스템은 다른 정보 기술과의 연계로 더욱 폭넓은 분야에서 이용되고 있다.

① POS 데이터와의 연계

젠린 등의 주요 전자 지도에는 속성 데이터로 시·구·군·동의 정보 등이 포함되어 있어 기존 POS 데이터와 링크할 수 있도록 되어 있다. POS 데이터를 토대로 한 고객 분포나 판촉 결과의 검증 또는 산업 통계 데이터와 링크한 판촉 대상의 선별에도 이용할 수 있다. 전화번호부 데이터의 CD-ROM 제품도 등장하고 있는데, 이를 통해 고객의 거주지를 분석하는 것이 아주 용이하다.

② NTT의 넘버 디스플레이 서비스와의 연계

걸려온 전화번호를 자동적으로 표시할 수 있는 넘버 디스플

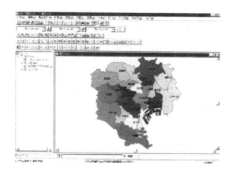

← 인포매틱스사의
GIS 제품 SIS의 화면

레이 서비스(Number Display Service)와의 연계로 걸려온 전
화번호의 주요 거주지를 지도에 표시할 수 있다. 따라서 택시
의 배차 요청이나 피자 배달 주문을 받았을 때 주소를 물을 필
요가 없다.

③ 인터넷과의 연계

세번째 분야는 인터넷 기술과의 연계이다. 최신 지리 정보
시스템에서 한 대의 컴퓨터에만 지도 정보 시스템을 인스톨해
도 사내 PC는 인터넷용 열람 소프트웨어를 이용해 접속할 수
있다. 영업 직원이 출장지에서 휴대전화와 노트북을 이용하여
사내의 지리 정보 시스템에 접속할 수도 있다.

마케팅 분야에 지리 정보 시스템을 활용하는 것은 아직 일부
정보화 선진 기업에서만 하고 있는 상황이다. 맥도널드에서는
독자적인 지리 정보 시스템을 이용한 상권 분석을 하고 있으
며, 새로 분점을 오픈할 경우에도 아주 정밀한 매출 예측이 이
루어지고 있다고 생각된다.

지리 정보 시스템은 마케팅 분야에 새로운 나침반이자 레이
더 탐지기라고 할 수 있다. 21세기 사회에는 지리 정보 시스템
을 이용하지 않는 마케팅 활동은 더 이상 존재하지 않을지도
모른다.

10 CTI로 차이가 생기는 고객 대응
데이터베이스 구축을 토대로 전개하는 완벽한 고객 대응

◆ CTI란?

CTI(Computer Telephony Integration)란 전화와 컴퓨터를 융합시킨 기술이다. 가장 많은 활용 패턴은 고객으로부터 걸려온 전화번호를 토대로, 그 전화번호의 고객 정보를 화면에 표시하는 것이다.

고객의 구매 이력이나 요구 사항, 클레임, 영업 활동 상황 등을 사전에 알아둠으로써 고객에게 전화로 최선의 서비스를 실현하고자 하는 것이다.

그것이 클레임 전화라도 문제가 발생했을 때 적절하게 대응하는 것은 고객 관계를 지속시키기 위해 대단히 중요하다. 따라서 고객의 불만에 대해 고객이 만족할만한 후속 조치를 취하게 되면 고객은 오히려 그 기업을 신뢰하게 된다.

CTI는 영업상의 문제점을 예방해주지는 않지만, 문제가 발생했을 때 그 뒤처리를 지원할 수 있다. 그러나 이것을 성공시키기 위해서는 많은 전제 조건이 있다는 것을 이해해야만 한다.

우선 고객의 구매 이력이나 요구 사항, 클레임, 영업 활동 상황 등을 정확하고 시의적절하게 고객 데이터베이스에 등록해

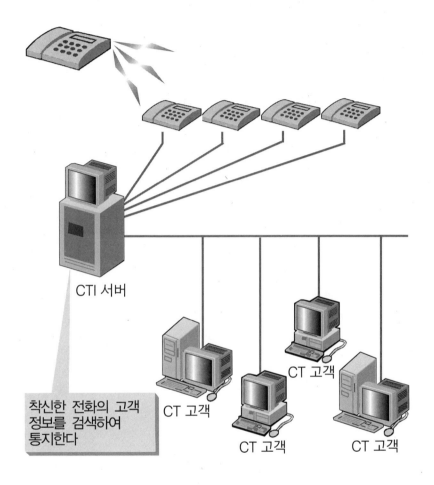

CTI의 구조

CTI 서버

착신한 전화의 고객
정보를 검색하여
통지한다

CT 고객

CT 고객

CT 고객

CT 고객

둘 필요가 있다. 그러기 위해서는 영업 담당자 등이 좋지 않은 정보라도 반드시 보고해야 하며, 매일 영업 활동에 대해서도 그날 중으로 시의적절하게 보고할 필요가 있다.

그 다음에 전화 상담자가 CTI로 표시되는 고객 정보를 신속하게 파악해서 적절하게 대응할 수 있도록 훈련받는 것도 필요하다.

그리고 마지막으로 가장 중요하고 어려운 것이 정보를 제공하는 영업 담당자나 전화 상담자를 포함한 전 사원에게 적절한 고객 대응이 얼마나 중요한지 이해시키는 것이다.

◆ CTI의 목적은 비용 절감이 아니다

그런데 경영자 중에는 CTI나 콜 센터가 효율화를 위한 도구라고 생각하는 사람이 많은 것 같다. 하지만 이미 앞에서도 언급했듯이, CTI에는 기존에 없던 인적 비용이 추가되는 측면도 있다.

CTI는 자료를 찾는 일이나 연락하는 일을 IT가 자동화해준다. 그렇지만 그것을 활용하느냐 못하느냐, 즉 고객에게 만족을 주는 서비스를 할 수 있느냐 없느냐는 전적으로 영업 담당자와 전화 상담자에게 달려 있다는 것을 잊어서는 안 된다.

CTI는 강렬한 IT다. 전화를 건 쪽에서 보면 누가 전화를 받더라도 자신을 알아주는 것이다. 자동 응답으로 상품 안내나 자료 청구를 접수할 수 있는 CTI 시스템도 있는데, CTI의 묘미는 역시 살아 있는 사람과 연결될 때 발휘된다. 그리고 그것을 지원하는 것은 영업 담당자의 착실한 영업 기록 축적에 있다는 것을 경영자는 이해해야 한다.

11 데이터베이스와의 연동으로 활성화되는 고객 카드
포인트 카드를 섣불리 도입하면 성공하지 못한다

◆ 이익 환원만으로는 성공하지 못한다

백화점이나 슈퍼마켓을 비롯하여 상점가나 전문점에서도 '포인트 카드(Point Card)' 발행은 필수가 되고 있다. 그러나 전국적으로 발행되고 있는 포인트 카드 수와 실제로 제휴되어 있는 포인트 카드 수에는 상당한 차이가 있다.

포인트 카드는 고객 유지를 위해 도입된 것이다. 고객은 같은 가게에서 쇼핑을 하면 포인트가 적립되어 일종의 현금처럼 이익을 환원 받을 수 있다.

포인트 카드는 고객에게 다시 구매할 의욕을 끌어내거나 다른 가게에 가는 것을 방지하는 효과가 있으며, 카드를 발행할 때 고객 정보를 수집함으로써 고객 데이터베이스를 구축할 때 기초 데이터로 사용할 수 있다.

카드 이용자에 의한 구매 실적은 POS를 통해 고객 개개인의 구매 이력 데이터베이스로 축적되어 나가게 된다. 그러나 실제로 그렇게 잘 진행되지는 않는 것 같다.

포인트 카드는 고객이 자기 회사의 포인트 카드를 이용해주지 않으면 아무런 의미가 없다. 결국 고객이 다시 가게를 방문

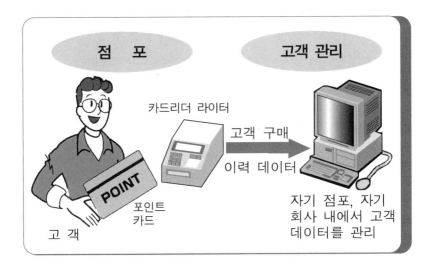

하도록 만들기 위한 포인트 카드 자체의 유효성도 고객 마음인 것이다.

그럼 어떻게 하면 고객이 다시 가게를 방문할 수 있도록 할까? 대답은 아주 간단하다. 잔재주를 부린 테크닉이 아니라 상품 자체의 매력이 고객을 다시 불러들이는 것이다. 또는 점원의 인간미 있는 서비스가 고객을 다시 불러들인다.

포인트에 의한 이익 환원만으로는 고객을 확보할 수 없다는 것을 이해해야 한다.

◆ 고객이 다시 가게를 방문하게 하려면

사람과 사람이 교제할 때도 마찬가지이지만, 첫인상이 좋으면 다시 만나고 싶어지고 그렇게 서너 번 만나다 보면 아주 친해지게 된다.

호텔을 처음 방문했을 때 아주 좋은 인상을 받은 호텔 이용자는 다음에 그 호텔을 이용할 가능성이 높아진다. 만약 호텔을 다시 찾은 고객에게, 고객이 아무 말도 하지 않았는데 처음 이용시 요구했던 사항들을 기억해 서비스를 제공하면 그 고객에게 호텔 카드는 아주 유용한 것으로 될 것이다.

따라서 포인트 카드가 성공하느냐 못하느냐는 '(포인트 카드의 유무에 관계없이) 두 번째 방문 여부'에 달려있다고 할 수 있다. 그리고 이 고객이 원하는 것을 파악하기 위해서라도 포인트 카드와 POS의 연계라는 IT가 필요한 것이다.

호텔 자체의 매력을 높이는 것은 인간이지만, IT는 고객 관계를 높이는데 크게 공헌하고 있다. 고객의 기호를 적절히 파악함과 동시에 구매 빈도나 구매 간격의 변화를 파악하여 자기 회사의 서비스 저하나 경쟁 회사의 등장 가능성을 시사해주는 것이다.

POS 시스템은 상품이 팔리느냐 안 팔리느냐는 가르쳐줄 수 있지만, 고객에 대해서는 아무것도 말해주지 않는다. 오히려 팔리지 않는 상품 중에 중요 고객을 끌어들이는 상품이 있을지도 모르며, 가장 원하는 색상의 제품이 없을 때 다른 색상의 제품을 대체 구매하는 고객이 많이 있을지도 모른다.

이런 모든 것은 POS 레지스터에 포인트 카드 리더(Point Card Reader)를 붙여서 '언제 누가 무엇을 샀느냐'는 정보까지 수집해야 비로소 볼 수 있다.

그러나 포인트 카드를 도입하는 것이 최우선이 아니라 어디까지나 고객 만족을 높이는 것이 최우선되어야 한다는 것을 잊어서는 안 된다. 카드는 이용되어야 비로소 의미가 있기 때문에 고객 정보는 그렇게 간단히 얻을 수 있는 것이 아니다.

모바일 PC를 휴대하는 영업 활동

◆ 고객 지향의 SFA를 추진

제약회사에서 MR이라고 불리는 의약 정보 담당자는 의료기관이라는 고객을 상대해야 하며, 의약품에 대한 전문 지식을 요하는 등 상당히 고도의 기술이 요구되는 직업이라고 할 수 있다.

다나베(田辺)제약의 영업 지원 시스템 'ASIST'에는 예전부터 의약 정보 담당자에게 실시하고 있던 노트북을 활용한 영업 활동의 보고·열람 기능과 함께 최신 의약품 정보나 학술 정보 검색·열람, 본사 직원과의 정보 교환이나 지식 공유, 영업 활동의 활동 분할에 의한 진행 관리 등의 기능이 새롭게 추가되어 있다.

그러나 이 'ASIST'가 가진 진정한 의의는 고객 지향으로의 전환에 있다. 즉, 공급자라는 입장에서 영업 활동을 강화한다는 관점이 아니라 '의료기관이 환자에게 최선의 의료 서비스를 제공할 수 있도록 지원'한다는 관점을 바탕으로 하고 있는 것이다. 거기에는 자기 회사 상품을 파는 발상이 아니라 고객 활동을 파트너로서 현명하게 지원한다는 고객 중심적 발상이 있는 것이다.

영업 담당자의 활동을 지원하는 정보 시스템은 그 전부터 존재하고 있었다. 따라서 단순한 영업 지원 시스템으로서 SFA는 전혀 낯선 것이 아니다. 주목해야 할 것은 '영업 활동을 고객의 관점에서 단계를 나눠 각 단계에 적절한 영업 활동(Activity)으로 고객에 대한 부가가치를 높아나가겠다'는 점에 있는 것이다.

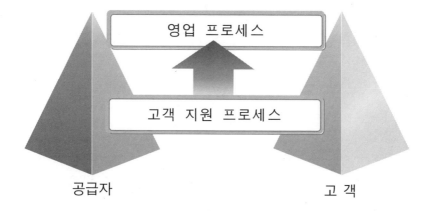

기존의 영업 지원 시스템에서 영업 매니저는 자기 회사의 영업 효율을 감시하고 있었다. 그러나 SFA에서 영업 매니저는 ABC로 고객의 부가가치성(VA, NVA)을 감시해야 한다.

장래 현금 흐름을 창출하는 고객 지원 활동은 당장 비용이 올라가거나 매출을 기대할 수 없더라도 강화해 나가야 한다. 영업 매니저가 자신이 관할하는 사업소의 당기 이익만 쫓으면 SFA는 절대로 성공하지 못한다.

SFA의 본질은 고객이나 거래처와 함께 가치 창조를 실현하려는 가치 네트워크를 구축함으로써, 공급망관리에서 웹 페이지와 함께 고객과의 인터페이스 기능을 담당하는 아주 중요한 경영 활동이다.

SFA를 시작할 때는 우선 SFA 본질을 이해하고 전 사원에게 이를 철저히 이해시킬 필요가 있다. 가치 네트워크의 본질을 이해한 영업 담당자에게 SFA만큼 강력한 수단은 없다.

SFA는 영업 담당자가 어디에 있든 인터넷을 통해 '지금 자신과 고객과의 관계는 어떤 상황에 있으며, 어떤 뒤처리를 해야 하는지' 그에 필요한 지식을 가르쳐주는 것이다.

SFA란 영업 담당자가 네트워크로 접속된 노트북을 휴대함으로써 자기 회사로 돌아가지 않고, 가능한한 고객 쪽에서 활동할 수 있도록 하는 고객 지향적 영업 수단이다.

사실 SFA의 성공 여부는 정보 시스템 그 자체 이상으로 영업 담당자 자신의 영업 개념을 얼마나 고객 지향으로 전환할 수 있는가에 달려 있다.

아무리 우수한 SFA가 내장된 최신 노트북을 갖고 있어도 사고 방식이 진부하면 돼지 목에 진주 목걸이나 마찬가지다. 영업 담당자가 고객에게 가장 높은 가치를 실현할 수 있는 솔루션은 없는지 조사할 때 비로소 SFA는 살아나는 것이다.

제4장

IT에 의한 로지스틱스 제조 혁신

제4장에서는 IT 경영으로 실현하는 업무 혁신 중 물류에 관한 로지스틱스 분야와 생산 공정에 관한 제조 분야에 대해 그 의의와 문제점을 기술한다.

특히 로지스틱스에 관련되는 것이 공급망관리다. 공급망관리의 실현에는 공유 데이터베이스의 구축, ERP(통합업무시스템)화 등의 개별 IT에 힘입은 점도 많지만, 기본은 '물류 부문에 머무르지 않고 조달, 생산, 판매 등 모든 부문을 통합한 전체 최적을 실현한다'는 사고 방식이다.

인터넷으로 제조회사와 고객이 직접 연결되는 '직접 판매'가 실현되었다. 또한 수·발주를 인터넷으로 하는 '전자 조달'은 고정적인 거래 관계를 무너뜨리기 시작했다. 그 영향력이 지대해 기존의 물류업자로서 기능했던 중간 도매업자는 그 존재 의의를 상실하고 있다.

이런 중간 도매업자가 살아남으려면 제조회사와 소매업자의 마케팅 전략에 정보를 제공하여 부가가치를 창출하는 '정보 중계업자'로서 다시 태어날 필요가 있다.

제조 분야에 대해서는 생산 공정에서도 기존의 'JIT 시스템'을 '전체 최적을 지향하는 정보 시스템'으로 파악하여 '공급망 관리의 서브 시스템'으로 생각해야 할 시대가 되었다.

ISO 9000 인증 취득, 6시그마라는 품질 향상 기준의 채용이나 2차원 QR바코드 같은 기술이 기존에는 불가능했던 수준의 정보 고도화와 공급 사슬 전체의 정보 공유화를 실현할 수 있게 한다.

1 공급망관리에 의한 유통 비즈니스의 격변
공급망관리란 무엇인가?

◆ 공급망관리란?

공급망관리(SCM : Supply Chain Management)란 제조회사와 유통회사가 판매 정보나 수요 예측과 같은 데이터를 서로 공유하여 원재료 조달에서부터 생산·물류·판매를 일체화시켜서 공급 사슬(Supply Chain : 상품의 흐름 및 업무의 흐름, 돈의 흐름)을 합리화하고 효율화하여 재고를 줄이고 상품 결함을 없애며 제 시간에 상품을 배달할 수 있게 해주는 시스템이다.

구체적으로는 지금까지 각 부문 또는 각 기업의 최적화(부분 최적)에 머물렀던 정보나 물류, 돈에 관한 업무 흐름을 공급 사슬 전체에서 재검토하여 정보 공유화와 비즈니스 방법의 근본적인 변혁을 꾀하는, 다시 말해 공급 사슬 전체의 상품 유통이나 물류, 현금 흐름의 효율을 향상(전체 최적)시키려는 경영 전략이다.

공급 사슬에는 영업 부문과 구매 부문, 생산 부문과의 관계 등 기업 내 공급 사슬과 거래처나 고객 기업간의 공급 사슬인 기업간 공급 사슬이 있다. 기업 내 공급 사슬은 기업간의 강력한 연계 그룹웨어의 실천 형태라고도 할 수 있다.

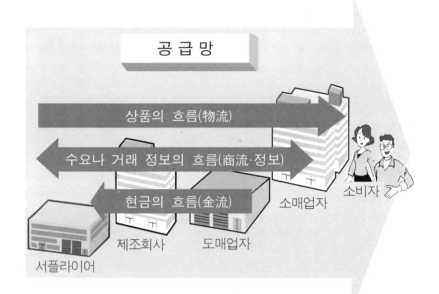

공급망관리란 무엇인가?

공 급 망

상품의 흐름(物流)

수요나 거래 정보의 흐름(商流·정보)

현금의 흐름(金流)

서플라이어 제조회사 도매업자 소매업자 소비자

전체의 효율화

공급 사슬이란…
고객－소매업－도매업－제조업－부품·자재 서플라이어 등
의 기업 내, 기업간 공급 활동의 연쇄 구조

공급망관리란…
불확실성이 높은 시장 변화에 공급 사슬 전체를 민첩하게
대응시켜서 다이내믹하게 최적화를 꾀하는 것

공급망관리가 기존의 재고 관리나 생산 계획과 크게 다른 점
은 생산 설비 능력이나 자재 공급회사의 공급 능력, 판매회사

의 판매 능력 등의 제약 조건을 고려해 최적화를 꾀한다는 점에 있다. 판매에서 물류·생산·자재 조달까지 제품에 관한 모든 활동 정보를 수집하여 보틀넥(bottle-neck : 전체를 방해하는 제약 조건이 되는 공정)에 맞춘 전체 최적을 위한 계획을 발견하는 것이다.

그 결과 팔리는 것은 바로 증산하고 팔리지 않는 것은 바로 감산하는 민첩한 경영을 실현할 수 있다. 또 보틀넥에 대한 신속하고 집중적인 대응을 실시함으로써 항상 외부 환경에 대해 최적의 체제를 유지할 수 있는 것이다.

공급망관리는 로지스틱스(Logistics) 부문을 중심으로 추진하는 경우가 많다. 공급망관리를 통해 유통 재고를 줄이거나 납기 속도 향상을 기대할 수 있다.

그러나 그런 대응은 로지스틱스 부문뿐만 아니라 영업 부문이나 제조 부문, 구매 부문 등 기업 조직 전체에서 이루어져야 한다. 회사 내 자기 부문의 이익만 우선시한다면 기업 전체적으로 비효율이 발생되는 경우가 대부분일 것이다.

2 공급망관리의 구성 요소
공급망관리 구축에 필요한 요소는?

공급망관리 실현을 위한 구성 요소가 되는 IT에 대해 아래에 기술하겠다.

① 정보 공유를 위한 CDB(공유 데이터베이스) 구축

공급망관리에서는 부문간이나 기업간에 연결된 의사 결정을 실현하기 위해 공통의 판단 재료로서 유통회사 측과의 공통 제품 코드를 채용한 공통 실적 데이터베이스 구축이나 자재 조달 측과의 공통 자재 코드를 채용한 공통 실적 데이터베이스 구축이 필요하다.

② 업무 표준화를 위한 ERP화·ISO 9000 대응

공급망관리를 실현할 경우 부문간이나 기업간에 공통의 비즈니스 룰을 적용할 필요가 있다. 의사 결정을 할 때 판단 기준(정량적 기준, 정성적 기준)에 차이가 생기거나 업무를 수행할 때 업무 능력 평가 기준(품질, 생산성)이 다르면 의사 결정이 매끄럽게 이루어지지 않게 된다. 비즈니스 룰의 공통화 실현이나 적용 기준에 대한 신뢰성 확보를 위해서는 ERP(통합

공급망관리를 실현하기 위한 구성 요소
정보 공유를 위한 CDB(공유 데이터베이스) 구축
업무 표준화를 위한 EPR화, ISO 9000 대응
업무 제휴를 위한 인트라넷, 엑스트라넷 구축
수요 예측, 공급 계획을 위한 SCP 도입
업무 속도 향상, 비용 절감을 위한 BPR 실천

업무 시스템) 도입이나 ISO 9000 도입을 검토할 필요성이 생길 것이다.

③ 업무 제휴를 위한 인트라넷, 엑스트라넷 구축
공급망관리에서는 부문간이나 기업간에 e메일이나 업무 흐름에 의한 의사 결정망(엑스트라넷)이 형성된다. 그러기 위해서는 반드시 각 조직의 책임과 권한의 명확화가 필요하다.

④ 수요 예측, 공급 계획을 위한 SCP 도입
SCP(공급망계획소프트웨어)는 크게 나눠 세 가지 기능, 즉

수요 예측 기능, 생산이나 물류 계획 기능, 납기 응답 기능을 갖고 있다.

수요 예측 기능을 통해서는, 과거의 판매 데이터를 기준으로 프로모션(Promotion) 등 판촉 효과를 고려해 계절 변동을 포함한 통계 해석 등 다양한 기능을 구사하는 데이터 예측을 할 수 있다.

생산이나 물류 계획 기능을 활용하면 공장의 생산 능력이나 부품·자재 공급 상황 등 제약 조건을 고려한 계획 입안이 가능하다. 기존의 MRP에 비해 고속으로 동시 처리하는 기능을 특징으로 하고 있다.

납기 응답 기능을 통해서는, 단순한 재고 제품의 출하 예정이 아니라 생산중이거나 생산 전인 제품에 대해서도 자재 조달 스케줄이나 생산 공정 효율 등을 체크하여 납품 시기를 조절할 수 있게 된다.

대표적인 SCP에는 i2테크놀로지스의 'RHYTHM'(리듬)이나 매뉴지스틱스의 'Manugistics' 등이 있다.

⑤ 업무 속도 향상, 비용 절감을 위한 BPR 실천

공급망관리에서는 최신 IT의 활용이 반드시 필요하며, 동시에 의사 결정이나 업무 흐름의 속도 향상이나 기능 강화가 필요하다.

3 전체 최적을 지향하는 공급망관리
글로벌 스탠더드에는 의미가 있다

◆ 왜 '글로벌 스탠더드(Global Standard)'인가?

최근 기업의 최대 과제로는 ISO 9000 인증 취득과 국제 회계 기준 채택이 있다.

ISO 9000 인증 취득은 품질 보증 부문만의 부분적인 문제가 아니라, 업무 전체 또는 기업간 거래에서 공급 사슬 전체의 최적화를 위해 대응해야 한다고 생각할 수 있다.

'국제 회계 기준은 공급망관리의 실현을 위해 필요하긴 하지만'이라고 생각할 수도 있다. 지금의 재무제표에서는 불리한 입금 조건의 매출(영업 부문)이나 진부화 된 제품 재고(물류 부문), 재고화 된 대단위 생산(제조 부문)이 모두 각 부문에서는 양호한 지표처럼 보인다.

그러나 국제 회계 기준에서는 기업 활동을 평가할 때 현금 흐름을 중시하고 있으며, 기업의 현금 흐름에 악영향만 미치는 활동은 모두 마이너스로 평가하고 있다. ISO 9000이나 국제 회계 기준은 모두 공급망관리를 실시해 나가는데 반드시 필요한 최적화 계획이나 통제를 위한 구조라고 생각해야 한다.

사실 공급망관리의 본질은 그룹웨어라고 할 수 있다. 그룹웨

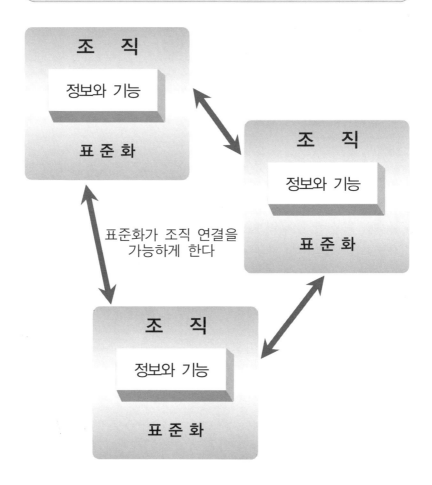

어의 가장 우수한 모델은 생물체이다. 왜냐하면 생물체를 구성하는 각 조직은 각각 고유의 역할을 다하기 위해 기능하고 있을 뿐만 아니라, 전체적으로 조화를 이루어 기능하고 있기 때문이다.

손발이 아무리 튼튼해도 뇌가 쉬고 싶다고 생각하면 몸 전체가 휴식으로 조정해 버리고, 뇌가 아무리 쉬고 싶다고 생각해도 생명에 위험이 닥쳤을 때는 순식간에 몸 전체가 반응하는 것이다.

공급망관리에서는 이런 생명체가 가진 민첩한 조직을 만들려고 하고 있다. 민첩한 조직체를 실현하기 위해서는 정보기술로서 신경망에 해당하는 정보 네트워크 구축이나 소뇌에 해당하는 지식 데이터베이스나 의사 결정 지원 시스템 구축이 필요하지만, 무엇보다 중요한 것은 조직을 구성하는 구성원간에 확고한 신뢰 관계를 확립하는 것이다.

이를 위한 기준이 바로 ISO 9000이나 국제 회계 기준이라는 '글로벌 스탠더드'가 아닐까?

영업 부문과 제조 부문의 갈등(불화), 관리자와 현장의 불협화음의 해소야말로 기업이 가장 우선시해야 할 경영 과제이다.

개인 플레이가 뛰어난 야구팀보다는 팀 플레이를 충실히 실행하는 선수가 모인 야구팀이 강하다. 경우에 따라서는 회사 전체를 위해 자기 부문을 희생해도 된다는 고상한 기업 문화(moral)를 구축할 수 있는가가 공급망관리에 가장 중요하다고 해도 과언이 아니다.

4 인터넷 전자 조달이 바꾸는 거래 관계
최적의 수·발주처를 인터넷으로 선택하는 시대로

◆ 진보하는 전자 조달이 기업을 도태시킨다

인터넷상에서 발주처를 찾는 전자 조달이 현실적으로 이루어지고 있다. 원청 — 하청 관계나 법적 보호로 대표되는 고정화된 거래 관계에서 대등한 기업간 거래가 이뤄지는 시대로 변화하고 있는 것이다.

이제 얼마 후면 과거의 거래 관계나 관습에 의존한 채 덩치만 커져서 감각 기능이 둔한 시대착오적인 기업은 몰락하고, 글로벌 감각을 익혀 자기 회사의 주력 분야를 특화한 기업만이 세계 경쟁 시장에서 살아남을 수 있다는 사실은 의심할 여지가 없다.

전자 조달에 대해서는 앞으로 신뢰할 수 있는 운영자가 운영하는 정보 교환용 웹 사이트가 등장할 것을 기대해야 하겠지만, 기업 단위의 조달처 모집 활동은 홈페이지 등을 이용하여 이미 행해지고 있다.

앞으로 전자 조달이 더욱 확대될 경우 기존 거래처 이외로의 발주가 늘어날 것으로 예상된다.

인터넷으로 간단히 조달처나 발주처를 찾아낼 수 있게 된다

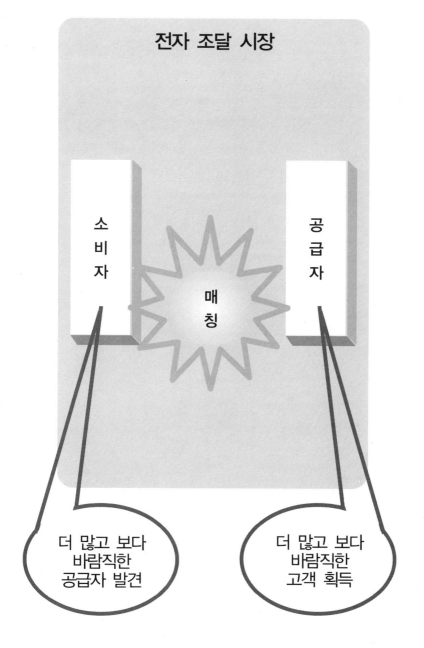

공급자와 소비자가 만나는 보다 '바람직한' 전자 조달 시장

전자 조달 시장

소비자

공급자

매칭

더 많고 보다 바람직한 공급자 발견

더 많고 보다 바람직한 고객 획득

면 어떤 일이 일어날까? 계열 회사나 과거 납품 실적에 얽매이지 않고 가장 바람직한 업자를 선정해서 발주하는 것이 쉬워질 것이다.

앞으로는 전자 조달로 인해 발주 기업은 보다 유리한 조건에서 거래할 수 있게 되는 반면, 수주 기업은 더욱 치열한 경쟁을 하게 될 것이다.

결국 강한 기업은 고객을 획득할 기회가 더욱 늘어나고 약한 기업은 고객을 차례차례 잃게 될 것이다. 또한 글로벌 경쟁으로 인해 해외 기업과도 싸워야 할 것이다.

기업 정보 시스템을 구축할 때 시스템 인티그레이터(System Integrater) 선정에 대해서도 인터넷상에서 발주처를 찾을 수 있다면 틀림없이 최적의 시스템화 제안을 받을 수 있게 될 것이다.

5 인터넷 전자 조달에 대한 대응 조건
자기 회사의 강점을 발휘하는 세 가지 방법

◆ 자기 회사 강점을 살려야 살아남을 수 있다

전자 조달 시대에 대응하기 위해서는 자기 회사의 강점을 발견하고 특화해 반드시 이길 수 있는 분야를 만들어야 한다.

특정 사업 분야에 특화하는 것은 시장을 작게 만든다고 생각할지도 모르지만, 인터넷에서는 고객을 전 세계에서 끌어 모을 수 있기 때문에 오히려 매출 규모를 확대시킬 수 있는 기회가 된다.

그러나 자기 회사의 강점을 특화하여 경쟁력을 높인다 해도 아직은 출발선상에 선 것 뿐이다. 전자 조달을 하지 않으면 일이 없기 때문이다.

ISO 9000이나 ISO 14000의 역할도 점점 더 중요해지고 있다. 제3자에 의한 보증서는 발주 측에 신뢰성을 높여주기 때문이다. 또한 기업 홈페이지는 정보 공개 수단으로서 IR(Investor Relations : 투자가를 위한 전략적 홍보 활동)과 융합하여 고도로 발전해 나갈 것이다.

또 한 가지 전자 조달 시대에 기업에 요구되는 기능은 기업 간 제휴다. 강점을 특화한 기업이라도 단일 기업으로서는 고객

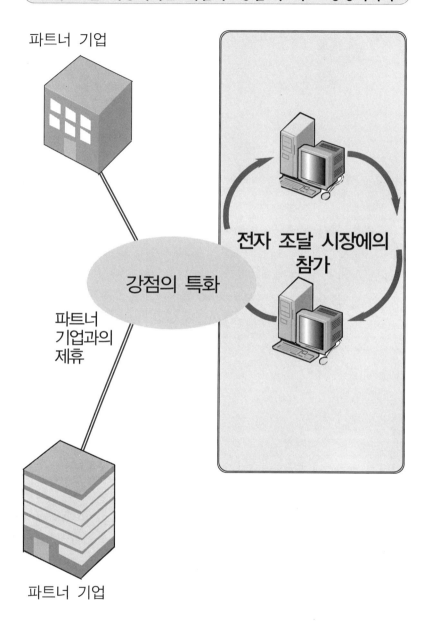

전자 조달 시장에서는 기업의 '강점'이 최고 경쟁력이다

파트너 기업

강점의 특화

전자 조달 시장에의
참가

파트너
기업과의
제휴

파트너 기업

의 다양한 요구에 대응할 수 없는 경우가 생길 수 있다. 다른 기업과 제휴하는 것이 고객 만족으로 연결된다면 적극적으로 제휴를 생각하는 유연성이 요구된다.

그러기 위해서는 버추얼 컴퍼니(Virtual Company)로서 복수 기업이 공동 활동을 전개하기 위한 엑스트라넷(Extranet : 기업 간 그룹웨어)의 구축이 필요해진다.

21세기는 이런 복수 기업에 의한 동맹체인 버추얼 컴퍼니끼리 경쟁하는 시대가 될지도 모른다.

6 매칭 서비스로 재편되는 유통 비즈니스
기업간 정보 공유화로 고객 본위의 물류 형태로 재편된다

◆ 공동화가 진행되는 물류

제조회사에서 도매, 도매에서 도매, 도매에서 소매로 흐르는 물류망은 앞으로 더욱 복잡해질 것이다.

제조회사가 생산한 상품은 제조회사 스스로가 보유하고 있을 뿐만 아니라 도매업자나 소매업자, 창고업자, 운송업자도 보유하고 있다.

어느 지역의 고객이 인근 소매업자에게 어떤 상품을 주문했는데, 소매업자가 그 상품의 재고를 갖고 있지 않다면 도매업자에게 발주하고, 그 도매업자에게 재고가 없으면 상위 도매업자에게 발주하며, 상위 도매업자에게 재고가 없으면 제조회사에게 발주하게 된다. 그런데 고객이 필요로 하는 그 상품은 사실 다른 소매업자나 도매업자에게 재고가 있을 가능성이 높다.

슈퍼마켓 등 다수의 점포를 가진 기업에서는 점포 간 네트워크를 정비하여 점포 간에 상품을 이동시켜 불필요한 상품 발주를 방지하고 있다. 다수의 공장을 가진 제조회사에서는 각 공장의 조달 데이터를 본사에서 하나로 통합해서 발주처에 보내고 있다.

앞으로 등장할 것으로 예상되는 매칭 서비스

○ 배송 차량의 준비와 배송 차량의 이용 모집을 매칭하는
  배송 정보 센터
○ 유통 재고를 가진 기업을 검색하여 발주할 수 있는 재고
  관리 센터
○ 제조 여력이 있는 제조회사를 검색하여 발주할 수 있는
  제조 정보 센터

정보를 공유하여 고객 본위의 물류를 실현시킨다

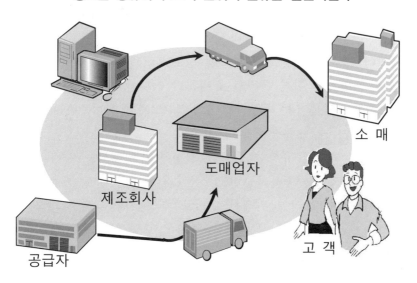

그러나 다른 기업간에 이루어지는 정보 공유화는 곤란한 점
도 있다. 예를 들어 서적을 구입할 경우 서점에 원하는 책이
없을 때 주문 배달을 의뢰하면 2, 3주 후에나 구할 수 있다.

그러나 다른 서점에 가면 원하는 책을 바로 구입할 수 있다.
만약 서점을 초월하여 서적 유통에 대한 정보를 공유할 수 있

다면 소비자는 '원하는 책이 어디에 있는지' 바로 알 수 있게 될 것이다.

이처럼 기존의 유통 형태에서는 수요가 있음에도 불구하고 많은 유통 재고가 발생하고 있었다. 도로에는 운송 차량이 넘치고 가게 안에는 폐기 직전의 상품이 수북이 쌓이게 되는 것이다.

◆ 정보 공유를 지원하는 비즈니스로

만약 업자를 초월하여 상품 흐름에 대해 정보를 공유할 수 있다면 공급자는 리스크나 낭비가 없어지고, 소비자는 원하는 것을 지금보다 훨씬 더 빨리 구입할 수 있게 될 것이다.

인터넷은 기업 장벽을 초월한 정보 시스템 구축을 가능하게 했다. 소비자를 위한 온라인 쇼핑뿐만 아니라, 앞으로는 기업을 고객으로 하여 각종 공동화를 실현하는 '매칭 서비스(Matching Service)'가 계속 등장하게 될 것이다.

그러나 고도의 유통 효율화를 실현하기 위해서는 자기 회사 내에서만 정보를 공유하는 것이 아니라 기업간 정보 공유를 추진해야 한다. 그러기 위해서는 바로 특정 기업 그룹이 실시하고 있는 공동 구매나 공동 배송 구조에 주목해야 한다.

공동화는 물류에만 한정되는 것이 아니라 상점가의 포인트 카드나 신용 카드, 데빗 카드의 공동 정보 처리 센터 이용도 공동화의 아주 좋은 사례다.

7 상품 중계 비즈니스에서 정보 중계 비즈니스로 전환
직접 판매의 약진으로 도매업자에게 미래는 있는가?

◆ 직접 판매는 도매업자를 도태시킬 수 있을까?

델컴퓨터는 홈페이지에서 PC를 소비자에게 직접 판매하고 있다.

직접 판매는 중간업자를 배제함으로써 유통 비용을 절감하여 저가격화와 납기 단축을 실현할 수 있기 때문에, 오늘날 컴팩이나 엡손 등 주요 PC 제조회사는 직접 판매를 하고 있다.

이와 같은 직접 판매를 인터넷으로 간단히 실현할 수 있게 됨으로써, 앞으로는 PC 뿐만 아니라 모든 상품을 홈페이지 상에서 직접 판매할 수 있게 된 것이다.

그렇다면 도매업자는 직접 판매가 증가하는 흐름 속에서 앞으로 사라질 운명에 처한 것일까? 그 해답을 얻기 위해 도매업자가 수행해 온 근본적 기능에 대해 살펴보기로 하자.

도매업자가 수행해 온 주요 기능은 물류에서의 상품 중계 기능이다. 제조회사와 1차 도매, 2차 도매와 소매 사이를 중계함으로써 수요와 공급 사이에 존재하는 지리적·시간적 격차를 조정해왔다.

그러나 인터넷의 등장은 무엇보다 지리적 격차를 없애버렸

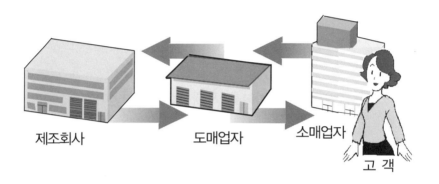

정보 중계업으로서의 도매 비즈니스

○ 상품 유통이나 고객의 구매 동향을 분석하여 제조회사에 전달한다

○ 상품 유통이나 고객의 구매 동향을 수집한다

제조회사   도매업자   소매업자   고 객

○ 상품 정보, 제조 상황을 수집한다

○ 신상품 정보, 납기 스케줄을 전달한다
○ 상품 지식, 고객의 구매 동향에 기초한 판매 지원을 한다

다. 국내뿐만 아니라 인터넷을 이용할 수 있는 나라라면 어디서든 상품을 살 수 있게 된 것이다.

그리고 시간적 격차도 공급망관리의 등장으로 신속한 납품을 실현하면서 그 중요도가 낮아지고 있다. 델컴퓨터는 제품의 재고가 없어도 며칠 후에는 납품할 수 있는 시스템을 운영하고 있다.

그러나 거리적 조정이나 시간적 조정의 필요성이 전혀 없어지지는 않는다. 하지만 그만큼 도매업계 전체의 비즈니스 규모를 대폭 축소시킬 수는 있다. 현실적으로도 2차 도매, 3차 도매의 필요성이 사라지면서 대규모 물류 거점이 요구되고 있다.

◆ 도매업의 역할이 '정보 중계'로 전환

사실 앞으로도 도매업자가 활약할 수 있는 무대는 있다. 그것은 '정보를 중계하는 기능'이다. 중계라고 해서 단순히 접속만 하는 것이 아니라 제조회사에서 얻은 생산 정보를 소매나 2차 도매에 필요한 형태로 바꿔 제공하거나, 소매나 2차 도매에서 얻은 구매 정보를 제조회사에 필요한 형태로 바꿔 제공하는 것이다.

21세기 도매업자가 살아남을 수 있는 유일한 직무는 바로 상품을 유통시키는 것에서 정보를 유통시키는 것으로 변혁하는 것이다.

8 유통업자의 정보 센터화 전략
마케팅 서비스를 아웃소싱하는 유통업자

◆ 도매업자의 정보 센터화 전략

직접 판매의 놀라운 발전 등 IT에 의해 중간 유통업자가 불필요해진 결과, 지금까지 물류에서 상품의 중계 기능을 담당했던 도매업자가 앞으로는 정보 중계를 기반으로 하여 제조회사와 소매업자의 마케팅을 지원하는 역할로 전환하게 된다.

수요와 공급이라는 쌍방의 정보를 파악할 수 있는 도매업자는 제조회사 입장에서 보면 자기 회사의 최적 생산 계획을 책정하는 공급 사슬의 설계를 위해 필요한 정보를 제공하는 파트너이며, 반대로 소매업자 입장에서 보면 제조회사의 공급 상황이나 다른 점포의 판매 동향까지 알 수 있는 강력한 소매 지원자(Retail Supporter)가 될 것이다.

부가가치를 창출하지 못하는 중간업자는 델컴퓨터에서 그랬던 것처럼 사라지는 게 당연하겠지만, 생산 및 구매 정보의 수집 분석에 기초한 제조회사 지원이나 소매 지원 기능이라는 부가가치를 창출하는 도매업자는 절대로 사라지지 않는다.

도매업자는 물류업자로서보다는 오히려 정보 센터로서의 기능을 강화하여 제조회사와 소매업에 대한 마케팅 서비스의 아

도매업자의 역할이 바뀐다

제조회사

직접 물류

소매업자

고 객

물류 기능으로서의
도매업자

마케팅 서비스의 아웃소싱으로서의 도매업자

웃소싱적 지위를 획득해 나가야 한다.

◆ 부가가치 창출로 살아남다

사실 이것은 소매업자에게도 똑같이 적용된다.

제조회사와 소비자가 직접 판매로 연결되기 시작하면서 이전의 소매업까지 '필요 없는 중간업자'로 전락할 가능성이 크다. 그러나 소비자에 대한 상품 조언 능력을 강화한다면 사라지지는 않을 것이다.

예를 들어 어디서 사든 똑같은 정가품(사무용품 등)을 구입할 수 있다면, 인터넷상의 직접 판매를 이용하는 사람이 증가할 것이다. 그러나 소비자는 가구나 의복 등 취미성·기호성이 강한 상품을 구입할 때 전문가적인 점원의 조언을 요구한다.

이런 경우 충분한 상품 지식과 조언 능력이 있는 판매원의 존재야말로 소매업이 실현해야 할 부가가치 창출을 위해 반드시 필요하다고 할 수 있다.

중간업자의 존재 의의는 얼마나 부가가치를 창출할 수 있는가로 판단할 수 있으며, 부가가치를 창출하지 못하는 부분은 인터넷에서 제조회사와 고객이 직접 연결됨으로써 사라지게 될 것이다.

9 비약적인 정보량을 기억할 수 있는 새로운 바코드
2차원 QR바코드가 고객 관리와 생산 관리를 바꾼다

◆ 2차원 QR바코드란?

최근 들어 예전부터 이용되고 있는 세로줄 무늬 모양의 바코드를 대신하여, '2차원 QR바코드'로 불리는 기하학 모양의 바코드 이용이 늘어나고 있다.

2차원 QR바코드의 가장 큰 특징은 작은 면적에서 대량의 정보(기존의 바코드와 같은 면적일 경우 그 100배 정도의 용량. 영자는 4300자, 한자는 1800자 정도의 정보)를 기록할 수 있다는 점에 있다.

읽는 방법은 기존의 바코드와 같다. 또한 오염이나 파손에 강해 모양의 일부에 결함이 있어도 정보를 복구할 수 있다는 특징도 갖고 있다.

지금까지 바코드는 POS에서 이용되는 JAN 코드처럼 상품의 식별 코드(Back-number)로 이용되었으며, 더욱 상세한 정보는 온라인으로 호스트 컴퓨터에서 찾아내는 방법이 채택되었다. 이에 비해 2차원 QR바코드는 바코드 내에 필요한 정보를 모두 기록할 수 있기 때문에 온라인으로 호스트 컴퓨터에 연결할 필요가 없다.

2차원 QR바코드의 특징

● **데이터 기억 용량이 크다**
1차원 바코드의 몇 배에서 수백 배의 데이터를 입력할 수 있고, 한번 조작으로 읽을 수 있다.

● **필요한 상세 정보를 모두 기억한다**
1차원 바코드는 식별 코드로서 사용되는 일이 많고, 자세한 정보는 온라인으로 읽어낼 수 있는 등의 절차가 필요한 것에 비해, 2차원 바코드는 필요한 상세 정보가 모두 입력되어 있기 때문에 리더만 있으면 모든 정보를 읽어낼 수 있다.

● **기록 공간을 작게 할 수 있다**
데이터 기록 밀도가 높기 때문에 단위 면적 당의 데이터 양이 많고, 사용하는 공간이 작다.

● **에러 정정이 가능하다**
2차원 바코드는 라벨의 오염이나 긁힌 자국에 강하고, 사용 환경에 필요한 에러 정정을 가능하게 한다.

● **다양한 소재를 직접 기록할 수 있다**
전자 부품, 의료 기기, 세라믹 부품, 알루미늄이나 스테인리스 등의 금속 부품 등에도 레이저 마카 등을 이용 직접 기록을 할 수 있다.

● **데이터를 암호화 할 수 있다**
암호화가 가능해 신분증명서나 증서 등이 범죄에 악용되는 것을 막을 수 있다.

◆ **활용은 아이디어에 따라**

2차원 QR바코드는 종이에 인쇄만 해도 되기 때문에 1장 당 드는 비용이 낮다. 중소기업에서는 도입 비용이 비싸서 고객 카드를 작성하지 않는 곳이 많은데, 고객 속성 정보(성명, 주소, 성별, 직업, 연령 등)를 2차원 QR바코드로 인쇄한 고객 카드를 작성해서 판매할 때 찾아보면 언제 누가 무엇을 샀는지 고객 관련 정보를 입수할 수 있기 때문에 상품화 계획에 이용할 수 있게 된다.

또한 전단지를 갖고 온 고객에게 선물을 제공하는 판촉을 할 경우, 전단지 효과도 면밀히 분석할 수 있다.

제조업이나 서비스업에서도 전시회나 세미나 안내장에 2차원 QR바코드를 인쇄해두면 참석했던 회사들의 분석이 쉬워질 것이다.

이처럼 2차원 QR바코드의 활용은 아이디어에 달려 있다.

기억할 수 있는 정보량이 적었

↑ 2차원 QR바코드

던 기존의 바코드에서는 불가능했던 분석도 가능해진다. 제조업의 부품 발주서를 이용한 공정 관리, 물류업의 위치 정보 관리, 소매업의 진열 관리 등은 2차원 QR바코드로 크게 변화될 가능성이 있다.

도요타에서는 이미 2차원 QR바코드를 새로운 부품 발주 서식에 이용할 것을 표명했다. 검사 등의 공정 정보나 창고 위치 정보의 기록에 의한 자동화 기계의 도입이 검토되고 있다. 또한 도요타에서는 부품 제조회사의 납품을 지금까지 OCR(광학식 해독장치)을 이용하여 컴퓨터 데이터로 변환하고 있었는데, 이것을 2차원 QR바코드화함으로써 해독 실수가 없어지고, 또한 OCR 전용 용지에서 일반 용지로 바꿈으로써 연간 수억 엔을 절약할 수 있게 되었다.

물류업의 로케이션 정보 관리에서 지금까지는 입고 보관 장소의 데이터 관리는 일반적으로 이루어지고 있었다. 그렇지만 2차원 QR바코드로 피킹을 위한 로케이션 위치 정보 등도 관리할 수 있을 뿐 아니라 피킹 효율 분석도 가능해진다. 소매업의 진열 관리에서도 2차원 QR바코드로 각 상품 배열 위치(진열대 등)의 회전율을 분석할 수 있게 될 것이다.

10 정보 시스템으로서의 'JIT 시스템'

프로덕트 아웃(Product out) 발상에 의한 계획 생산과의 결별

◆ 종이에 의한 정보화 = 'JIT 시스템'

도요타의 생산 방식으로 'JIT(Just In Time)' 시스템 또는 '간판(부품 발주서) 시스템'이라고 불리는 유명한 방법이 있다.

기본적인 사고 방식은 후공정이 조립에 필요한 부품을 전공정에서 '부품 발주서'를 이용하여 발주함으로써, 생산 지시 부품 발주서와 거래 부품 발주서를 통해 각 공정에서 후공정의 진행보다 더 많이 만들어내는 것을 방지하고 재고를 줄이는 것을 실현하는 것이다.

'JIT 시스템'을 도입하고 있는 기업 대부분이 생산성 향상을 목적으로 하고 있다. 반복 생산이 대부분이며 수주 실적도 안정되어 있을 때에는 분명 'JIT 시스템'도 안정되어 있기 때문에 마치 각 공정이 자동화된 것처럼 보인다.

그러나 'JIT 시스템'의 어려움은 수주 실적의 변화에 대응하여 부품 발주서의 생산 단위나 유통 매수를 증감시키는 것에 있다. 또한 주문 내용의 변화에 대응하여 작업 내용 변경이나 재공정 등 부품 발주서 자체를 재구성할 필요가 있다.

도입 당시에는 성공했지만, 부품 발주서 자체를 재편성할 수

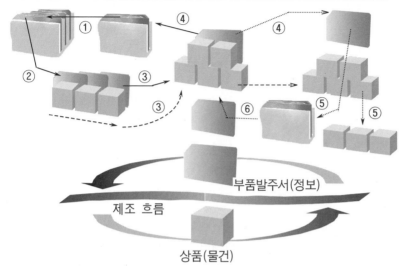

'JIT 시스템'의 정보 흐름

부품발주서(정보)

제조 흐름

상품(물건)

① 어느 공정업자 A씨가 있다고 하자. A씨는 다음 공정업자인 B씨가 생산 지시 포스트에 넣은 생산 지시 부품 발주서를 수집한다. 생산 지시 부품 발주서에는 자기 공정에서 제조해야 할 부품 종류와 팔레트(pallet) 단위의 수량이 기재되어 있다.

② A씨는 포스트에 들어 있지 않은 생산 지시 부품 발주서를 자기 공정에 가지고 돌아가 자기 공정에 있는 생산 지시 부품 발주서 포스트에 투입한다.

③ 부품을 부품 발주서 단위로 다 제조하고 나면 부품을 팔레트에 얹고 그 팔레트에 생산 지시 부품 발주서를 달아둔다. A씨는 정기적으로 제조된 팔레트를 스토어(점포라는 의미에서 유래)라고 불리는 장소에 두러 간다. 사실 스토어는 ①의 생산 지시 포스트가 놓여 있는 장소이기도 하여, A씨는 다시 ①의 작업을 한다.

④ 다음 공정업자인 B씨는 정기적으로 자기 공정에 필요한 부품(A씨의 공정)의 빈 팔레트를 A씨의 공정 스토어에 가지고 간다. B씨는 A씨의 공정 스토어에 놓여 있는 완성 부품이 들어 있는 팔레트를 인수하는데, 그때 ③에서 달아두었던 생산 지시 부품 발주서를 떼어내어 생산 지시 포스트에 넣고, 동시에 자기가 갖고 온 인수 부품 발주서를 완성 부품이 들어있는 팔레트쪽에 다시 단다.

⑤ B씨의 공정에서는 사용 후 빈 부품 팔레트에서 인수 부품 발주서를 떼고 인수하여, 부품 발주서 포스트에 투입해둔다.

⑥ B씨는 정기적으로 인수 부품 발주서 포스트에서 인수 부품 발주서를 꺼내 빈 팔레트와 함께 ④의 A씨 공정 스토어에 가서 제조된 팔레트에 달려 있는 생산 지시 부품 발주서와 인수 부품 발주서를 교체한다. 사실 B씨의 행동은 A씨가 전공정에 행한 공정과 똑같다.

없기 때문에 과잉 생산을 초래하거나 특별 주문 상품에 대한 대응을 할 수 없어 불량품을 발생시키는 기업이 나오는 것이다.

'부품 발주서 생산'의 진정한 의의는 겉으로 보이는 생산성 향상에 있는 것이 아니라, 수요 상황을 '부품 발주서'라는 매체에 실어 각 공정에 전달함으로써 시장 수요에 자기 회사의 생산 체제를 맞춘다는 점에 있다. 따라서 수요 변동에 맞는 '부품 발주서'의 재구성이 필요하다.

'부품 발주서'는 컴퓨터를 이용하지 않아도 아주 훌륭한 정보 시스템이지만, '부품 발주서'에 실린 정보가 부정확하고 부적절하면 문제가 발생하는 것은 당연하다.

도요타에서는 각 공정의 작업이 표준화되어 '낭비'가 없으며, 복수 작업의 담당제화 등 작업 표준화를 실현하고 있어서 작업원에게 '무리'가 없도록 업무가 설계되어 있다. 또한 관리자가 항상 현장 상황과 최신의 최종 제품 수요나 생산 계획을 살피면서 작업 표준이나 작업량, 작업 원수를 산정하고 있다.

도요타에서는 일정 시간 내에 생산 지시 부품 발주서를 처리할 수 없게 되었을 경우, 어떤 작업원이든 라인을 멈출 수 있게 되어 있다. 라인이 멈추면 관리자가 원인을 확인하고 대책을 강구하는 것이다.

'JIT 시스템'은 생산성 향상뿐만 아니라 문제점이 발생했을 때 현장에서 찾아내는 품질 관리 실천 방법이기도 하다. 필요한 부분만 최대한 주의해서 최대한의 노력으로 생산하기 위한 정보 시스템, 그것이 바로 'JIT 시스템'이다.

11 JIT 시스템을 성공시키기 위한 조건
공급망관리으로서의 'JIT 시스템'으로

◆ **생산 계획의 목적 차질이 JIT 시스템 기능을 무력화**

정보 시스템으로서의 'JIT 시스템'을 성공시키기 위해서는 부품 발주서의 생산 종류, 단위 수, 유통 매수를 최종 제품의 수요 규모에 맞춰 시의적절하게 수정해나갈 필요가 있다.

도요타에서는 판매 예측에 기초하여 책정된 생산 계획을 바탕으로 부품 발주서의 내용이 설계되며 판매 실적 동향에 따라 수정된다. 수요 예측의 정밀도를 높이기 위해 컴퓨터에 의한 데이터 웨어하우스가 유효해지는 것은 당연하다.

이것이 중소기업 등 거래자 수가 적은 수주 생산일 경우, 도요타의 '최종 제품 조립 공정에 대한 생산 지시 부품 발주서'에 해당하는 것은 '고객의 주문서'가 된다(실제로 도요타의 거래 기업 대부분이 도요타의 발주를 부품 발주서로 받고 있기 때문에 사내 부품 발주서 생산을 도요타의 생산 지시 부품 발주서가 움직이고 있다).

그런데 지금까지 거래처에서 대단위 수주를 지속적으로 받고 있던 기업 중에는 생산 계획에 따른 JIT 시스템을 실행해왔기 때문에 거래처의 발주 내용이 바뀌면 JIT 시스템이 제대로 기

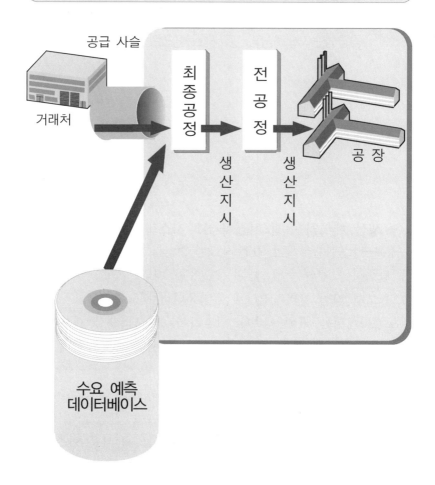

데이터베이스에 의한 수요 예측이 'JIT 시스템'을 지지

공급 사슬

거래처

최종공정

전공정

공장

생산지시

생산지시

수요 예측
데이터베이스

능하지 못하게 되는 곳도 있다.

거래처의 발주 내용이 바뀐 것은 불경기에 따른 것만은 아니다. 거래처 또는 그 이전 거래처의 최종 제품에 대한 요구가 다양해지고 사이클이 짧아지고 있으며, 산업 전반에 걸쳐 다품종 소단위화 되고 있다는 것에 그 원인이 있다고 생각된다.

◆ 정확한 수요 예측을 생산 공정에 제공한다

JIT 시스템은 컴퓨터가 필요 없이 실현할 수 있는 저렴하면서도 강력한 정보 시스템이다. 하지만 어디까지나 생산 공정에서의 정밀도 향상 밖에 실현할 수 없다.

생산 계획에 기초한 JIT 시스템을 성공시키는 열쇠는 생산 공정으로의 제공, 즉 정확한 정보에 기초한 수요 예측을 제공하는 것이다.

수요 예측을 위한 정보를 더 많이 더 빨리 얻기 위해서는 거래처나 그 이전 거래처의 수요 동향을 입수할 필요가 있으므로, 공급자 연합에 의한 데이터 공유 구조인 '공급망관리 시스템'이 필요해진다.

결국 공정 안에만 있던 JIT 시스템을 영업 부문으로까지 확대하고, 다시 고객 측이나 조달처로까지 확대해 나가는 것이다. 현재 도요타가 목표로 하고 있는 것이 공급 사슬 전체의 최적화인데, 이를 위해 인터넷을 활용한 기업간 정보 공유를 추진하고 있다.

12 JIT 시스템에서 BTO로
대량 생산과 수주 생산을 동시에 하는 생산 방식

'JIT 시스템'으로 공장 내에서 각 공정의 생산을 최적화하더라도 완성품이 팔리지 않으면 제품 재고만 늘어난다. 또한 고객의 요구가 다양해짐에 따라 기존의 대량 생산 방식에 한계가 나타나고 있다.

그래서 새롭게 등장한 것이 '고객이 주문하면 제조를 시작한다'는 BTO(Build To Order)라고 불리는 수주 생산 방식이다. BTO는 단순한 수주 생산일 뿐만 아니라 대량 생산 방식에 의한 생산성 확보와 고객 개개인의 커스터마이즈화 생산을 동시에 실현하는 생산 방식으로 탄생된 것이다.

◆ 델컴퓨터의 BTO

BTO 모델로서 델컴퓨터의 수주·제조 시스템의 개요는 다음과 같다.

① 고객으로부터의 수주

고객은 홈페이지나 전화 등의 수단으로 원하는 PC 종류나 옵션을 지정하여 발주한다.

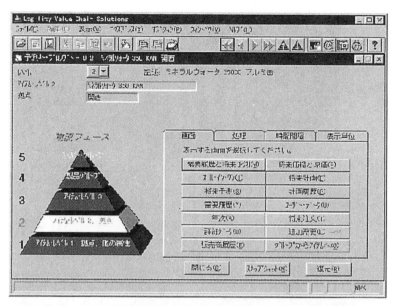

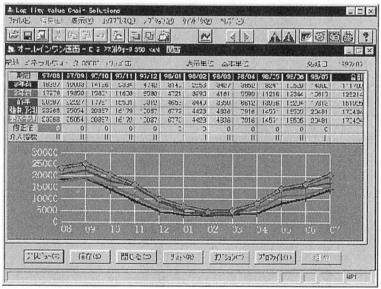

② 서플라이어와의 공급 관계

델컴퓨터는 서플라이어(부품업체)에 대해 판매 계획이나 실적 등의 정보를 공개하여 서플라이어와 3년 단위의 생산 능력 계획을 공유하고 있다. 수요 예측을 토대로 상품의 라이프 사이클에 맞는 공급량을 산출하여 자기 회사뿐만 아니라 서플라이어에 대해서도 생산 계획의 최적화를 도모하고 있다. 안정적인 부품 공급이 공급자와의 강력한 파트너십으로 뒷받침되고 있는 것이다.

③ 일시 단위의 납품

공급자에 대한 발주는 고객의 수주에 기초한 일시 단위의 필요한 수량만큼만 할 수 있다. 장기적인 생산 계획과는 달리 그날그날의 생산이나 납품은 최종 고객의 수주에 대응하게 되어 있다.

④ '트래블러 시트(traveler-sheet)'에 의한 주문 생산

고객 개개인의 사양을 기록한 '트래블러 시트'에 따라 필요한 부품을 선택하거나 조립한다.

⑤ 출하·지원

생산 부문뿐만 아니라 '트래블러 시트'에 의한 생산 관리의 흐름은 고객에게 도달할 때까지 계속된다. 물류회사 알선이나 구매 이후 지원까지 연속해나가는 것이다.

◆ 부품 발주서에서 전자 부품 발주서로

델컴퓨터에서도 PC 시장의 기술 혁신 동향을 숙지하여 전체 생산 계획을 수정한다는 고객 지향 'JIT 시스템'을 최신 IT를 이용하여 실현하고 있다고 할 수 있다.

이때 필요한 도구가 'SCP(공급망설계 : Supply Chain Planning)' 이다. SCP는 '정밀도 높은 시장 요구를 어떻게 분석하고 수요 예

측을 하느냐?'라는 점에서 시작된 IT 수단이다.

시장 동향에 대응한 계획을 지원하기 위해 SCP 소프트웨어는 '어느 고객이 언제 어느 제품을 얼마나 찾는가?'에 대한 정확한 수요 예측을 제공해준다. SCP 소프트웨어가 제공하는 치밀한 수요 예측과 생산 계획 입안 기능은 '부품 발주서 생산'을 도입하고 있는 기업에게 반드시 필요하다.

13 공급망설계(SCP)에 의한 수요 예측
SCP 소프트웨어가 정확한 수요 예측을 제공한다

커틀러는 시장 수요의 기본 측정 단위가 공간(세계, 전국, 지역, 지구, 고객) × 제품(전체 매출액, 업계 매출액, 자기 회사 매출액, 제품 라인, 제품 클래스, 제품별 아이템) × 시간(단기, 중기, 장기)의 90종류가 있다고 지적했다. 또한 고객 관련(고객 숙련도, 고객 로열티 등)까지 연결하면 더욱 방대해진다.

SCP(Supply Chain Planning) 소프트웨어는 이런 시장 동향에 대응한 생산 계획을 지원하기 위한 소프트웨어로, '어느 고객이 언제 어느 제품을 얼마나 찾느냐?'에 대한 정확한 수요 예측을 제공해준다.

◆ 대표적인 SCP 소프트웨어 'RHYTHM'

대표적인 SCP 소프트웨어인 i2테크놀로지스의 'RHYTHM'은 다차원 데이터베이스를 이용하여 고객이나 상품·시간 등의 다차원 축에 의한 수요 분석을 할 수 있다.

또한 SCP 소프트웨어에서는 적절한 수요 예측을 실현하기 위해 다양한 통계학적 수법을 구사하고 있다. 특히, 상관관계에 대해서는 인식하지 못한 이벤트에 의한 영향을 받은 가짜

i2테크놀로지스의 SCP 소프트웨어 'RHYTHM'의 기능 체계

◆ 수요 계획 · 판매 계획
다차원 데이터베이스에 기록된 과거의 출하 · 판매 실적을 다양한 각도에서 분석하면서, 동시에 다채로운 통계학적 수법을 이용하여 장래 수요를 예측한다. 또한 판매 부문, 마케팅 부문의 의사를 가미한 다음 각 부문이 합의한 판매 계획을 작성한다.

◆ 마스터 플래닝(Master planning)
공급 사슬 전체를 하나의 모델에 포함시킴으로써 전체를 동시에 볼 수 있으며, 전체 최적화된 생산 배분, 배송 계획, 재고 계획 등을 입안한다.

◆ 제조 계획
자재 · 설비 등의 생산 거점을 둘러싼 여러 가지 제약을 하나의 모델에 포함시킴으로써 실행 가능한 제조 계획을 작성한다. 신규 수주, 수주 변경, 자재 지연이 있는 생산 현장에서 그날그날 발생하는 이벤트에 대해서도 순식간에 그 영향을 파악하여 해결책을 발견할 수 있게 된다.

◆ 수요 조정, 납기 확보
기업 수익과 직결되는 판매 정책을 모델링한 다음 판매 계획을 토대로 판매회사, 채널, 고객 등으로 판매 범위를 설정한다. 예를 들어 어떤 이유로 공급이 단축되었을 경우에도 수익의 최대화를 추구할 수 있게 된다. 또한 판매 범위를 토대로 실시간 납기를 확보한다.

◆ 상세한 스케줄링
계획을 필요로 하는 다품종의 다양한 제품을 생산하는 공장에서는 스케줄링에 따라 공장 전체의 생산 능력이 크게 변동한다. GA(제네스틱 알고리즘)를 이용하여 최적의 상세 스케줄을 자동으로 작성한다.

◆ 수송 계획
다양한 물류 경로나 배차상의 제약을 고려하여 최적의 배차 계획을 입안한다.

상관관계(다른 점포의 매진으로 인한 매출 증가 등)를 잘못 판
단할 위험도 있다.

가짜 상관관계를 잘못 판단할 위험을 막기 위해 SCP 소프트
웨어에서는 '판매 프로모션'이나 '신제품', '다른 경쟁사의 활동',
'가격 변경', '날씨' 등에 의한 수요 영향을 고려할 수 있다.

또한 장래 예측에 대해서도 가중 평균이나 지수 평활, 중회
귀 분석 등 다수의 통계 모델을 갖고 있으며, 과거의 실적 데
이터에 기초한 최적의 통계 모델을 자동 선택하는 '픽 베스트
(Pick Best)'라고 불리는 기능도 갖고 있다.

14 경영관리시스템으로서의 ISO 9000에 대한 대응
대부분의 인증 취득 기업이 '포기' 상태로?

ISO 9000(ISO : 국제표준화기구, International Organization for Standardization) 인증 취득을 지원하는 PC용 패키지 소프트웨어의 매출이 늘어나고 있다. 이 패키지 소프트를 구입하고 있는 기업은 '앞으로 인증을 취득하겠다'는 기업이 아니라, 사실은 '이미 인증을 취득한' 기업이 많다.

왜 인증을 취득한 기업이 일부러 지원 패키지 소프트를 구입할까? 거기에는 우리나라의 ISO 9000 인증 취득의 실태와 깊이 관련되어 있다.

◆ '인증 = 품질 관리 시스템 구축'이 아니었던 ISO 9000
품질 관리의 국제 기준인 ISO 9000 취득은 제조업을 중심으로 건설업과 서비스업 등에서 폭넓게 이루어지고 있다. 특히 제조업이나 건설업에서는 ISO 9000 인증 취득이 발주 조건에 포함될 것으로 예측되기 때문에 취득 기업이 증가하고 있다.

ISO 9001에서 20개의 요구 사항을 정의하고는 있지만, ISO 9000에서는 구체적인 품질 관리 형태를 서술하고 있는 것이

ISO 9000에 준거한 시스템 구축(PC 이용)

〈 ISO 9000 기업은 공급 사슬로 연결한다 〉

○ 핵심 업무 이외의 업무는 ISO 9000 기업으로의 아웃소싱이 진행된다
○ EC(전자상거래)는 ISO 9000 기업으로 구성된다
○ 기업간에 제휴할 수 없는 ISO 9000 기업은 의미가 없다
○ 글로벌 스탠더드의 목적은 공급 사슬의 확대·고도화에 있다

아니라 기업이 제공하는 제품이나 서비스 품질을 유지하는 품질 관리 시스템 구축의 필요성과 구축해야 할 품질 관리 시스템에 관한 지침이 있을 뿐이다.

각 기업의 품질 관리 시스템은 기업 각자가 생각해야 하며, 인정 심사에서도 ISO 9000의 요구 사항과 대조하여 피심사 기업이 구축한 품질 관리 시스템의 유효성을 평가하는 것이다.

ISO 9000이 추구하고 있는 품질 관리 시스템 형태는 분명 운영 가능하며 사내 전체에 관철시킬 수 있다. 그럼 ISO 9000을 취득한 기업의 품질 관리 시스템은 정말로 운영 가능하며 사내 전체에 관철시킬 수 있는 것이었을까?

◆ 문서·기록 관리에 몹시 분주하다

사실 ISO 9000 취득 기업 대부분이 문서나 기록 관리에 몹시 분주하다. 당초에는 그다지 문제시되지 않았던 문서나 기록 관리가 시간이 갈수록 힘이 들고, 결국에는 6개월~1년 후 재심사를 받을 즈음에는 이미 포기 상태에 이른다. 따라서 지원 패키지 소프트웨어가 인증 취득 기업이 구입하는 이유는 바로 여기에 있다.

무리해서 ISO 9000 인증을 취득한 기업일수록 실패할 위험이 크다. 품질 관리 시스템이 유효하게 기능하지 못할 뿐만 아니라, 문서 관리나 기록 관리에 쫓겨서 일상의 업무조차도 제대로 수행하지 못할 위험이 있다.

이런 사태를 초래한 모든 원인은 ISO 9000 인증 취득을 가장 우선시했다는 점에 있다. 어떻게 해서든 심사만 간신히 통과한 기업은 결국 나중에 후회하게 되는 것이다.

ISO 9000 인증 심사는 결코 불가능한 사항까지 요구하지 않는다. 중요한 것은 자기 회사 제품이나 서비스의 품질 관리를 위해 최선을 다하고 있는가이다.

품질 매뉴얼이 아무리 훌륭해도 제대로 지키지 못하는 기업보다는 품질 매뉴얼 내용은 최소한이라도 그 내용을 확실히 지킬 수 있는 기업이 오히려 ISO 9000의 사고에 적합한 것이다.

15 ISO 9000 취득을 위한 정보화 포인트
전사적인 품질 관리로 대처해야 한다

◆ 문서·기록 관리와 공정 관리가 특히 중요

ISO 9000의 요구 사항 중에서 정보화와의 관련이 특히 크다고 생각되는 부분은 문서·기록 관리에 대한 요구 사항과 공정 관리에 관한 요구 사항 두 가지이다.

그 밖에도 제품이나 재료 등의 식별 관리나 설계 관리 등 정보화 필요성이 있는 요구 사항도 있지만, 특히 문서·기록 관리와 공정 관리가 수작업으로 대응하기에는 시간이 너무 많이 걸린다는 점에서 ISO 9000에 관한 정보화의 가장 중요한 테마가 되고 있다.

예를 들어 문서·기록 관리에 대해 ISO 9000에서는 '절차서 등의 문서는 정식의 최신 문서를 배포할' 필요가 있다. 복사된 문서가 이용되거나 거기에 연필 등으로 수정이 가해지면 '명령 전달에 크게 문제가 있다'고 판단해 버린다. 여기서 로터스 노츠(Lotus Notes) 등의 그룹웨어 제품을 이용하면 전자화 된 최신 문서를 기업 전체가 공유할 수 있다.

공정 관리에 대해서도 수작업으로 어느 생산 단위가 어디까지 진척되어 있는지 추적 관리하는 것은 대단히 어렵기 때문

ISO 9000 취득의 포인트

〈ISO 9000 기업은 전체 최적을 위해 존재한다〉

○ 인증 취득이 목적이 되어서는 안 된다
○ 공장 단위의 취득이 아니라 기업 전체로 취득하라
○ 전체 최적을 위한 품질 시스템을 지향하라

〈 표준화와 정보 공유의 의의를 이해할 수 있는가 〉

○ 업무 표준화 없이 업무 활동을 정확하게 측정 평가(보틀넥 발견)할 수 없다
○ ISO 9000의 본질은 최적의 Plan Do See를 실현하는 시스템 육성이다
○ 제품 품질이 아니라 관리 품질이 필요하다

에 그룹웨어 제품을 이용해서 실현하고 있는 기업이 많다.

ISO 9000 지원 패키지의 도입에도 주의가 필요하다. 문서 관리나 공정 관리를 컴퓨터화하더라도 자재 발주나 재고 관리·인사 관리가 수작업이면 품질 관리 균형이 이루어지지 않는다.

또한 문서 관리는 ISO 9000 지원 패키지를 이용하고, 자재 발주나 재고 관리 등은 다른 컴퓨터의 생산 관리 시스템을 사용하고 있는 기업도 있다. 그럴 경우 시스템간의 정보 정합성이 이루어질는지 의문이다.

ISO 9000은 본래 기업 전체의 품질 관리를 요구하고 있는 것이지, 부분 최적의 품질 관리를 요구하는 것이 아니다. 따라서 컴퓨터에 의한 품질 관리 시스템을 실현한다면 기업의 전체 업무 시스템의 일부로서 고려해야 한다.

◆ 토털 시스템으로서 ISO 9000에 대응하라

ISO 9000을 취득하는 것이 목적이 아니라 고객 지향적 조직체를 실현하는 과정에서 자연스럽게 취득하는 접근 방식이 필요하다.

IT 활용에 있어서는 토털 시스템의 관점에서 전사적 또는 공급 사슬까지 포함한 정보 공유와 기능 제휴를 실현할 수 있는 데이터베이스 구축을 생각해야 한다.

ISO 9000을 품질 보증 부문에서만 대응하는 기업이 많고, 인증 취득도 공장 단위로 추진하는 기업이 많이 있다. 그러나 이것은 완전히 잘못된 대응 방법이다.

ISO 9000이 추구하는 품질 보증의 본질은 제조 부문의 범위 내에만 머물러 있는 것이 아니다. 경영 방침에서부터 영업 활동, 구매 활동, 인사 관리에 이르기까지 전사적 품질 보증에 대한 대응을 추구하고 있다.

또한 ISO 9000은 인증을 취득하는 것만으로 의의가 있는 것이 아니라, ISO 9000 인증을 받은 만큼 고품질 경영을 구축했다는 점에 의의가 있다.

21세기는 기업 선별의 시대다. 고품질 제품이나 서비스를 제공할 수 있는 기업에게는 얼마든지 비즈니스 기회가 기다리고 있으며, 그렇지 않은 기업은 몰락할 수밖에 없다.

사원 개개인이 자기 업무의 고객(사내외를 불문하고)이 누구인지 확인하며 업무 품질을 의식하는 기업을 만드는 것이 바로 ISO 9000이 갖는 진정한 의의이다. 토털 시스템으로서 사원이 혼연일체가 되어 자기 회사 조직 전체의 품질을 향상시키는 노력의 성과가 ISO 9000 인증 취득으로 연결되는 것이 바람직한 형태이다.

16 6시그마를 실천하는 초우량 기업
품질의 분산을 억제하는 경영 방법 = 6시그마

◆ '6시그마'란?

'6시그마(6σ)'란 상품 제작에서 품질 분산을 최대한 억제하려는 경영 개혁 방법이다. '시그마(σ)'는 통계학의 분산을 나타내는 기호로 '6σ'란 분산이 아주 작은 상태를 나타낸다.

미국에서 탄생된 6시그마는 원래 일본의 TQC와 톱 다운 접근 방식(Top Down Approach)을 연계시킨 것이다. TQC와 같은 보텀업(Bottom-up) 방식으로는 톱의 경영 목표와 반드시 정합성을 갖지는 못하기 때문에 기업 경영 활동 성과와 연결된다고는 할 수 없다.

6시그마는 TQC의 품질 개선 운동 부분을 남겨두고 톱 다운 접근 방식에 의한 목표 설정을 함으로써 보다 합리적으로 품질 개선을 실현하려는 것이다.

또한 6시그마에서는 품질 개선 목표 설정을 정량화한다는 특징을 갖고 있으며, 수치화할 수 없는 것은 대상으로 하지 않음으로써 주관이나 추상론에 의한 관리를 배제하고자 했다.

지금까지 설계 변경이나 협의 반복 등 정량화시켜 관리할 수 없었던 작업에 대해서도 회수나 시간 등으로 수치 관리함으로

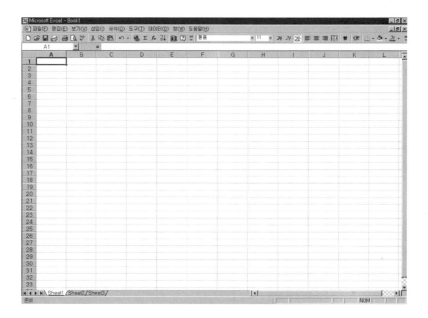

써 통계 수법을 적용한 다양한 검사(inspection)가 가능해졌다.

6시그마를 실현하고 있는 기업에서는 품질 개선을 위한 사이클(측정, 분석, 개선, 개선 활동 정책을 위한 관리)과 측정·분석을 위한 통계 수법에 관한 지식이 전 사원에게 요구된다. 제조 현장뿐만 아니라 영업이나 구매도 실적을 정량적으로 파악하여 통계 수법을 이용한 분석이 이루어지고 있다.

◆ 스프레드 시트 소프트웨어로도 실현하는 6시그마

6시그마의 사고 방식은 어렵지 않다.

사실 현재 많은 사람이 활용하고 있는 스프레드 시트 소프트웨어인 마이크로소프트의 엑셀(Excel)은 6시그마와 많이 연관

된 최신 IT다.

엑셀은 아주 강력한 통계 해석 기능을 보유하고 있다. 분산 분석에 이용되는 경우가 많은 추정이나 검정, 회귀 계산을 비롯하여, 이동 평균, 지수 평활에 의한 시계열 변동 경향이나 장래 예측 기능, 선형계획법이나 몬테카를로법에 의한 최적의 해석 시뮬레이션까지 이용할 수 있다.

게다가 엑셀 이용에는 복잡한 계산식 지식이 요구되지 않는다. 이용자는 추정이나 검정 등 통계 수법이 가진 의미만 알고 있으면 된다.

이제 고도의 통계 수법은 전문가들만 다루는 것이 아니라 6 시그마로 모든 사원이 구사해야 할 도구라고 할 수 있을 것이다.

2차원 QR바코드로 고객의 요구를 파악하라

◆ 식품의 신선도 관리에 2차원 QR바코드를

오사카 사카이에 본사를 둔 쿠라코포레이션은 회전초밥 '쿠라스시'를 오사카 남부 지역을 중심으로 체인점 영업을 전개하고 있다. 회전초밥이라는 업태는 조리된 시간과 고객이 실제로 먹는 시간에 차이가 있기 때문에 신선도 관리가 매우 중요하다. 쿠라코포레이션에서는 '쿠라스시'의 신선도 관리를 위해 2차원 QR바코드를 도입하고 있다.

초밥이 컨베이어에 얹히기 전에 접시에 2차원 QR바코드가 부착된다. 컨베이어 옆에는 고정형 스캐너가 설치되어 있어서 접시가 가게 안을 10분 이상 일주해서 돌아올 때마다 초밥 접시가 몇 분이나 경과했는지 측정된다.

40분이 경과하면 빨간 램프와 부저가 울려 점원에게 폐기를 알림으로써 신선한 상품만 제공할 수 있는 것이다. 2차원 QR바코드는 접시에 물방울이나 흠이 생겨도 파악할 수 있다는 장점이 발휘되고 있다.

필자는 쿠라스시의 2차원 QR바코드에 더욱 깊은 의미가 있지 않을까 추측하고 있다. 다 먹은 접시가 회수구에 들어가면 요금이 자동으로 계산되므로, 언제 어느 초밥 접시가 얼마나 팔렸는지, 그리고 폐기된 초밥에는 무엇이 얼마만큼 있었는지 데이터로 관리되고 있다고 생각되기 때문이다.

◆ 생산 라인까지 거슬러 올라가 추적 가능

전국의 코카콜라 보틀러스에서는 회사 전체가 공통으로 상

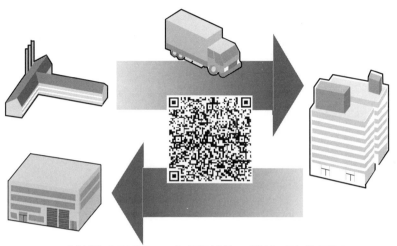

2차원 QR바코드가 전달하는 생산·구매 정보

품의 유통 기간이나 생산 공장 라인, 로트(lot) 정보를 식별할
수 있는 2차원 QR바코드를 도입하고 있다.

상품 정보에는 상품명이나 유통 기간 외에도 생산 공장 라인
이나 제조 연월일, 시간, 사용 팔레트(Pallet) 번호가 기록되어
있다.

지금까지는 물류 거점의 출하 작업에서 작업원이 전표를 보
고 유통 기간을 확인하여 수작업으로 물류 기기에 출고 순서를
입력 지시했는데, 2차원 QR바코드의 도입으로 물류 기기가 바
코드를 읽음으로써 자동 배열이 가능해진 것이다.

슈퍼 등 소매점에서는 유통 기간에 민감한 소비자 요구에 대
응하기 위해 제조회사에게 제조 연월일 순으로 출하를 요구하
고 있다. 수작업에 의한 유통 기간 관리를 2차원 QR바코드로
자동화함으로써 작업 효율의 극적인 향상이 기대되고 있다.

또한 불량품이 발생했을 경우 발생 원인이 된 공장이나 라

인, 팔레트를 특정할 수 있으며 동일 팔레트나 동일 라인, 동일 제조 일시의 제품을 추적 회수할 수 있게 된다.

◆ 수발주를 정확하고 신속하게

오사카 문구 도매점 유키에서는 제조 카탈로그에 2차원 QR 바코드를 이용하고 있다. 25,000점의 제품을 수록한 카탈로그 사진 옆에 2차원 QR바코드가 인쇄되어 있어서 문구점에서 주문을 받은 영업 담당자는 펜형 스캐너로 읽기만 하면 제품명이나 색상, 사이즈 등 발주에 필요한 정보를 컴퓨터에 입력할 수 있다.

쿠라스시나 코카콜라 보틀러스, 유키의 공통점은 2차원 QR 바코드의 활용으로 고객이 발신하는 신호를 가능한 한 빨리 받아들여 고객 요구에 즉각 대응해 나가겠다는 대응 자세가 아닐까? 통신 회선으로 연결되어 있지 않아도 2차원 QR바코드라는 매체로 모든 것이 정보로 연결되어 있다.

제5장

IT에 의한 경영 혁신

제5장에서는 IT가 기업의 경영 분야를 크게 변혁시키는 구조에 대해 그 현황과 문제점을 서술한다.

업무 정보를 공유하고 경영 과제의 해결이나 경영 목표의 달성을 지원하는 그룹웨어는 많은 기업이 도입하고 있다.

그러나 데이터 공유를 '문제 해결의 지식 공유' 수준까지 높여서 그룹웨어의 본질을 살려 효과를 올리고 있는 기업은 아직 그리 많지 않은 것이 현실이다.

앞으로는 더 많이 축적하고 공유한 정보(Data)를 목표 실현 방법으로서의 지식(Knowledge)으로 활용해 나가는 지식 경영의 실현을 기대한다.

기존의 발생주의 회계의 한계가 지적될 뿐만 아니라, 인터넷의 쌍방향성을 활용한 적극적인 정보 공개와 의사소통을 통해 개인투자자가 실질적으로 경영에 참가할 수 있는 가능성까지 열고 있다.

마찬가지로 인터넷의 발전으로 신장하고 있는 전자상거래(EC : Electronic Commerce)는 '만든 것을 판다'는 푸시 전략을 '고객과 함께 만든다'는 새로운 마케팅 스타일로 변화시키는 잠재력을 갖고 있다.

그 결과 유통 형태나 결재 형태까지 포함하여 전자상거래에 적합한 새로운 비즈니스 모델이 앞으로 더욱 확실한 형태로 나타나게 될 것이다.

1 그룹웨어로 실현하는 조직력 향상
미해결 문제를 공유하는 그룹웨어

◆ 그룹웨어의 본질이란?

'그룹웨어(Groupware)를 도입했는데도 예상한 효과가 나오지 않았다'는 기업이 적지 않다. e메일이나 전자 게시판 등의 정보 공유 기능을 가진 소프트웨어를 그룹웨어라고 부른다고 오해하는 사람이 많은데, 그룹웨어란 더 심오한 것이다.

그룹웨어란, 여러 사람이 하나의 목적, 예를 들어 경영 과제의 해결이나 경영 목표의 달성을 위해 수행하는 협동 작업을 지원하는 것이다.

따라서 각 부서가 다른 부서와 관계없이 업무를 수행하고 있는 경우에는 그룹웨어를 도입하더라도 활용되지 않는다. 그들은 실제로 그룹웨어를 필요로 하지 않기 때문이다.

그러나 델컴퓨터는 그룹웨어의 성공 사례라고 할 만큼 우수한 기업이다.

델컴퓨터에서는 마이클 델 사장이 경영 전략을 전 사원에게 발신하고 있다. 성공 사례가 바로 그룹웨어로 발신될 뿐만 아니라 실패 사례도 발신된다.

또한 누구나 자기 스스로 해결하지 못하는 문제를 발신하여

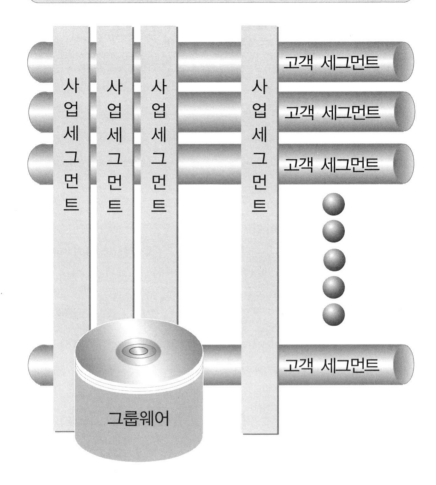

매트릭스 조직을 그룹웨어에서 기능적으로 활용한다

사업세그먼트

사업세그먼트

사업세그먼트

사업세그먼트

고객 세그먼트

고객 세그먼트

고객 세그먼트

고객 세그먼트

그룹웨어

해결을 위한 아이디어를 회사 내에서 찾는다. 델컴퓨터의 사원에게는 그룹웨어야말로 가장 중요한 IT인 것이다.

보통 회사에서 '나는 나 자신이 해결하지 못하는 문제를 떠안고 있다'고 대대적으로 발표하면 그 사람의 평가는 내려가기 마련이다.

그러나 델컴퓨터에서는 해결하지 못하는 문제를 인식하고 있는 사원은 정반대로 평가를 받는다. 따라서 현 상황에 만족하지 않는 개혁에 대한 숙지가 회사 내 전체에 넘쳐흐르고 있다. 현실적으로 발생하고 있는 문제점은 감춰져 있더라도 언젠가 큰 문제점으로 나타나기 마련이기 때문이다.

델컴퓨터는 문제를 빨리 파악하여 해결책을 탐구하는 자세를 모든 사원이 가지고 있기 때문에 고객 지향이라는 최고의 기업 이미지를 획득하고 있는 것이다.

델컴퓨터의 경우 다른 회사와는 달리 사원이 승진하면 업무 범위가 작아진다. 교육기관 영업 담당이었던 사람은 승진하면 대학 영업 담당으로 그 책임 범위가 좁아지는 것이다. 조직을 부문(Segment)화해 나감으로써 고객에 대한 대응력을 향상시켜 나가는 것이다.

그러나 우수한 매니저가 육성되고 조직의 부문화가 진행되면 진행될수록 전체적인 조화가 필요해진다. 그래서 델컴퓨터에서는 고객별 사업 조직과 기업 전체의 기능별 조직을 매트릭스(matrix) 조직으로서 병립시키고 있다.

매트릭스 조직은 투 보스(Two boss) 형태가 되기 때문에 지휘 명령 계통에 혼란을 일으킨다고 알려져 있다. 그러나 델컴퓨터는 그룹웨어에 의한 정보를 공유하여 매트릭스 조직의 문제점을 해소함으로써 매트릭스 조직의 이점을 최대한 살리고 있다.

2 그룹웨어 추진시 유의점
그룹웨어를 필요로 하는 조직 편성

◆ 델컴퓨터의 그룹웨어 활용

그룹웨어를 활용하여 경영 혁신과 연계시켜 나가기 위해서는 무엇이 필요할까?

여기서는 델컴퓨터의 그룹웨어 활용 사례에서 그 포인트를 찾아보기로 하겠다.

① 목표 관리에 의한 조직 관리

전자 회의를 이용한 질의 응답이나 업무 주제에 관한 의견 교환이 활발히 이루어지기 위해서는 모든 사원이 평소 업무 운영에서 문제 의식을 갖고 업무를 개선하여 보다 고도의 상태를 지향하는 동기를 확보할 필요가 있다.

이를 위해서는 모든 사원이 설정된 목표(경영 이념에서 분류된 하위 목표)를 실현하기 위해 스스로 계획을 입안하고, 스스로 결과에 대해 평가·반성하여 더 나은 개선을 도모하는 조직을 육성할 필요가 있다. 델컴퓨터에서는 모든 사원이 '스스로 세운 계획을 실현시킨다'는 오너적 책임 의식을 갖고 일하고 있는 것이다.

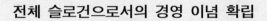

그룹웨어 침투를 위한 표준적 접근 방식

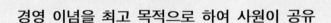

전체 슬로건으로서의 경영 이념 확립

경영 이념을 최고 목적으로 하여 사원이 공유

사원이 각자 수행해야 할 조직 목표를 상호 인식

조직 목표에 관련된 사원이 업무를 협력

업무 협력 활동을 그룹웨어로 지원 강화

② 협동 작업(Team collaboration)에 대한 계몽

델컴퓨터처럼 효과적인 그룹웨어 활용을 실현하기 위해서는 우선 사내 협동 작업에 대한 사고(그룹웨어를 필요로 하는 협

동 작업에 의한 업무 진행 방법)를 계몽할 필요가 있다.

예를 들어 e메일은 전화와 같은 사용 방법이 아니라 CC(참고 송부) 기능을 이용한 연락 회의 대체용 정보 공유 수단으로 활용할 필요가 있다. 그러나 CC를 활용하기 위해서는 발신자가 메일 내용에 따라 수신인을 지정할 수 있도록 하는 명확한 업무 분담표가 필요하다.

또한 업무 분담표에 기록되어 있는 사원에 대해서도 얼굴과 이름을 기억할 수 있도록 자주 회합을 가져 상호 이해를 깊이 해두는 것도 필요하다.

메일에 첨부하는 업무 자료에 대해서도 전자 게시판이나 캐비닛에 미리 디지털화해 두는 것이 바람직하다. 업무 자료 자체의 공유 없이 서식이나 보관 장소가 제각각이면 효과적인 협동 작업의 실현은 불가능하다.

전자 게시판이나 전자 회의도 e메일과 마찬가지다. 발신자의 이름을 보고 조직에서의 역할과 얼굴이 떠오르지 않으면 활발한 의견 교환은 실현되지 않는다.

③ 사내 의사소통 강화에 의한 팀 의식 형성

연락 목적을 위해 개최되는 회의가 아니라, 사원간의 의견 교환이나 상호 이해의 장으로서 개최하는 의사소통의 장을 설정할 필요가 있다.

그룹웨어상의 정보 교환 활동은 실제 인간 관계없이 진행되는 일은 거의 없으므로, 우선 사내 의사소통을 중시하는 사내 문화를 구축할 필요가 있다.

3 업무일지에서 업무주간계획으로의 발상 전환
더불어 생각하고, 더불어 행동하기 위한 그룹웨어로

◆ 왜 업무일지에 효과가 없는가?

그룹웨어를 도입하고 있는 기업 대부분이 실천하고는 있지만 좀처럼 효과를 보지 못하는 것이 업무일지다. 그룹웨어나 SFA 패키지 소프트웨어 중에는 영업일지 기능을 제공하는 것이 많이 있다. 그러나 도입량에 비해 그다지 큰 효과가 없다.

바로 이 부분에 골드럿 박사가 말하는 근본적 문제가 감춰져 있다.

업무일지를 도입하면 반드시 부딪치는 것이 '유용한 보고가 올라오지 않는' 상황이다. 이와 같은 현상은 어느 기업에서나 흔히 볼 수 있는 일이다.

이런 상황을 TOC 이론으로 분석해 본 결과 근본적인 문제는 '보고자가 적극적으로 보고하고 싶어하지 않는다'는 것을 알 수 있었다.

그들 입장에서는 이미 끝나버린 것을 보고할 필요가 전혀 없을 뿐만 아니라, 오히려 실수를 정직하게 보고하면 상사로부터 꾸지람을 듣게 될 것이고, 또 자신에 대한 평가가 내려갈지도 모르기 때문이다.

업무일지가 내포하는 문제

○ 보고자가 일방적으로 실수를 지적당한다

➡ ○ 보고자가 실수를 보고하기 어렵다

➡ ○ 의미 있는 보고가 올라오지 않는다

업무 주간 계획이 실현하는 조직력 향상

○ 상사가 보고자에게 조언한다

○ 보고자가 행동 예정을 보고하기 쉽다

○ 의미 있는 보고가 올라온다

◆ 사후 보고에서 사전 상담으로

그룹웨어의 본래 목적이 '정보 공유와 협업 활동에 의한 조직력 향상'이라면, 이와 같은 업무일지는 처음부터 잘못된 것이라고 할 수 있다.

때문에 오히려 발상을 전환해 사후 보고가 아니라 사전 상담이 이루어지는 것이 바람직하다. 다음 주의 행동 계획을 상사에게 제시하여 그 상사가 내용에 대해 코멘트하면 본인이 사후에 일어난 실수를 추궁당하지 않으면서도 성공을 위한 조언이 된다는 이점이 생긴다.

상사도 자신의 조언으로 인해 부하의 행동에 대한 책임까지 지게 되므로, 단순한 평가가 아니라 구체적인 지시가 요구될 것이다. 'Plan Do See' 중에서 계획 단계에 부하와 상사가 팀으로 행동하면, 그 결과도 공유할 수 있을 뿐 아니라 사후 보고의 의의도 생긴다. 실패는 팀의 교훈으로, 성공은 팀의 노하우로 지식 축적을 할 수 있게 된다.

사후 보고에 지나지 않는 업무일지를 매일 자료화한다 해도 유의미한 지식이 되기는 힘들 것이다. 발상을 전환하여 주간 업무 계획을 매주 체크하도록 하는 편이 오히려 의의가 있을 것이다.

목표 관리 제도에 의해 사원의 자주적 활동을 기본으로 하고 있다면, 상사는 주간 업무 계획에 대해 조언을 해주고 사원의 목표 달성을 지원하면 되는 것이다.

업무일지는 회사에 큰 문제가 발생하지 않았는지를 체크하기 위해 쓰여지는 경우가 대부분이다. 그러나 사건이 발생하고 나서 대처하는 것이 아니라 발생하지 않도록 사전에 계획하는 것이 오히려 중요하다는 것을 인식해야 한다.

4 MBO로 실현하는 우수 조직
MBO(목표관리제도)가 자립형 사원을 양성한다

◆ 자립형 사원이 '우량 기업'을 만든다

MBO(Management By Objectives through Self Control : 자기 통제를 통한 목표 관리)는 담당자 스스로가 목표를 갖고 일을 한 다음 그 결과를 평가하는 조직 관리 수법이다.

'노르마(노동 기준량)'는 관리자가 사원에게 정해주는 것이지만, '목표'는 사원 스스로가 설정하는 것이다. 사원 스스로가 목표를 설정함으로써 그 목표 달성에 대한 의욕적 존재가 되는 것이다.

우량 기업이 필요로 하는 인재는 주어진 권한과 책임 하에 자신이 가진 능력을 최대한 발휘하여 성과를 올리는 가치 네트워크 지향적인 자립형 사원이다. MBO는 그런 자립형 사원 개개인의 목표와 기업 전체 이익을 조화시키려는 의도를 가지고 있다.

◆ 그룹웨어로 조직과 개인의 목표 달성을 조정

그러나 사원 개개인이 서로 제각기 노력한다면 조직 전체의 성과로 연결되지 않는다.

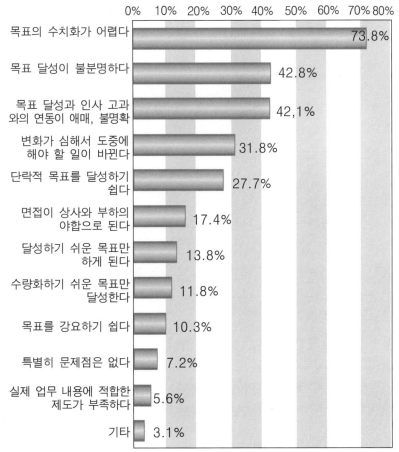

목표의 수치화가 어렵다 73.8%

목표 달성이 불분명하다 42.8%

목표 달성과 인사 고과와의 연동이 애매, 불명확 42,1%

변화가 심해서 도중에 해야 할 일이 바뀐다 31.8%

단락적 목표를 달성하기 쉽다 27.7%

면접이 상사와 부하의 야합으로 된다 17.4%

달성하기 쉬운 목표만 하게 된다 13.8%

수량화하기 쉬운 목표만 달성한다 11.8%

목표를 강요하기 쉽다 10.3%

특별히 문제점은 없다 7.2%

실제 업무 내용에 적합한 제도가 부족하다 5.6%

기타 3.1%

1998년 노동성 '간접 부문의 효율화 등이 고용에 끼치는 영향에 관한 조사 연구'에서 발췌.

그래서 '개인의 목표 달성을 조직 전체의 목표 달성과 연결 짓는 구조'로 그룹웨어를 활용하는 것이 필요하게 된다. '개개 인의 목표가 어떻게 관련되어 있는가', 또 '현재 달성 상황은 어떤가', '다른 구성원의 목표 달성을 지원할 수 있는가' 등 그룹웨어에 의한 목표와 실적 공유에 따라 개개인의 목표가 유기적으로 연결된다.

목표 관리를 실시하고 있는 기업은 적지 않다. 또한 그룹웨어를 활용한 목표 관리를 시행하고 있는 기업도 드물지 않다.

◆ 목표 달성에는 권한과 책임의 명확화가 필수 조건

그러나 사원에게 목표를 설정시키고 있음에도 불구하고 사원에게 부여한 권한과 책임이 불명확한 기업이 많다. 그렇게 되면 실현 가능한 목표를 설정하는 것 자체에 무리가 있어서 구체성이 부족한 애매한 내용 밖에 나오지 않는다.

목표 관리를 실시한다면 그 전제 조건으로 사원의 권한과 책임을 명확히 한 임무 분담표를 책정할 필요가 있다. 우선 근본적인 사명이 있고, 그 사명을 얼마만큼 완수해야 하는지 또는 완수할 수 있는지를 나타내는 지표가 필요하다.

회사라는 배가 어디를 향하고 있으며, 목표를 위해 자신은 무엇을 담당하고 있는지 알지 못한다면 적절한 행동을 취할 수 없다.

항해사와 기관사, 요리사는 각자의 담당 구역이 있고 각자가 추구해야할 목표도 다르다. 그러나 목적지를 향해 항해를 계속하는 동료임에는 틀림없다.

기업이 시장이라는 바다를 건너는 배라고 한다면, 선장에 해당하는 사장 이하 사원의 담당 부서가 명확해야만 안전하게 항해를 할 수 있는 것이다.

5 지식 경영
정보 공유에서 지식 공유로

◆ 정보를 행동과 연결시키는 지식

피터 드러커는 미래사회에서 지식만이 의미 있는 자원이라고 논하고 있다. 정보를 아무리 많이 수집했다 하더라도 그것은 단지 의사 결정을 위한 재료를 수집한 것에 지나지 않는다.

정보가 무엇을 의미하는지 이해하고 최적의 행동으로 연결시키는 것이 '지식(Knowledge)'이다. 그러나 이 지식이라는 중요 자산의 대부분이 명확히 인식되지 않고 방치되어 있다.

지식에는 문서나 데이터베이스 등에 의해 명시적으로 관리되고 있는 '형식지'와 개인이 경험을 통해 얻은 업무상의 노하우 등 사람의 머리 속에서 기억되어 명시적으로 제시되지 않는 '암묵지'의 두 가지가 있다.

ISO 9000이 품질 방침이나 작업 순서 등을 명확히 문서화할 것을 요구하고 있는 것은, 이 '암묵지'를 문제시하여 그 지식을 '형식지'화하는 것이 필요하다는 것이다.

◆ '암묵지'에서 '형식지'로 승격시킨다

기업 중에는 일상적인 작업 지시는 문서화되어 있음에도 불

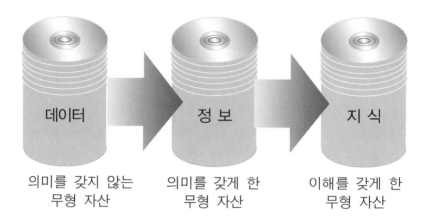

데이터에서 정보, 정보에서 지식으로

데이터	정보	지 식
의미를 갖지 않는 무형 자산	의미를 갖게 한 무형 자산	이해를 갖게 한 무형 자산

구하고 영업 방침이나 경영 전략, 업무 분담 등 중요한 지식이 문서화되어 있지 않은 경우가 많다.

경영 이념이나 경영 목표가 문서화되어 있는 경우에도 단순한 정보일 뿐 사원이 이해하는 지식으로 되어 있지 않은 사례가 많다. 경영자나 관리자가 당연하다고 생각하는 것이 의외로 사원에게는 이해되어 있지 않은 것이다.

반대로, 신입 사원이 획득한 업무 지식을 베테랑 사원이 물어볼 기회를 놓쳐서 모르는 상태로 있는 경우도 있을지 모른다. 또한 자신이 알고 있는 지식이 다른 부서와는 관계없을 거라고 생각했는데, 사실은 아주 중요한 아이디어를 이끌어내는 힌트가 될 지도 모르는 것이다.

당연하다고 생각되는 것이라도 '암묵지'로 끝내지 말고 '형식지'로 승격시키는 것이 필요하다. 그러나 중요한 지식을 '형식지'로 승격시키기 위해서는 문서화나 데이터베이스화만으로는 아직 완전하지 않다.

예를 들어 자기 회사에 필요한 업무 지식 대부분을 판매사 등의 지침서에서 얻을 수 있다고 하자. 그래도 각 개인이 지침서에서 얻은 지식은 사람에 따라 다르다. 각 개인이 가지고 있는 경험이나 사전 지식의 질과 양에 따라 이해 방법이 달라지기 때문이다.

◆ 지식을 데이터베이스화하여 경영 전략화 한다

최근 지식을 데이터베이스화하여 사내에서 공유하는 것을 목적으로 하는 지식 데이터베이스가 주목을 받고 있다. 그런데 실제로는 '형식지'가 아니라 '형식 정보'의 공유에 그치는 사례가 적지 않다.

기업 전체적으로 공유 가능한 '형식지'를 실현하기 위해서는 사원이 그 의미를 이해하고 있어야 한다. 그러기 위해서는 각 테마마다 장황할 정도로 긴 해설과 전자 회의 기능에 의한 질의 응답이 제공되어야 한다.

판매사나 부기 등의 지침서 목차를 그룹웨어상의 카테고리화하여 자기 회사의 적용 방법에 대한 해설과 질의 응답을 달면 훌륭한 지식 데이터베이스가 되는 것이다.

지식 데이터베이스에서 일방적으로 '지식'을 상대방에게 전달하면 받는 사람에게 그 지식은 단순한 '정보'에 지나지 않는다는 것을 이해할 필요가 있다.

6 발생주의 회계의 한계와 현금 흐름주의의 등장
현금 흐름이 말하는 경영의 진실

◆ 현금 흐름 회계가 의무화 된다

1993년 기업회계심의회는 '연결재무제표 제도의 개선에 관한 의견서'의 답신 속에서, 2000년 3월기 결산에서 연결 결산을 하는 국내 기업에 대해 연결 베이스에서 현금 흐름 계산서를 작성하고 개시할 것을 의무화하기로 했다.

단독 결산 기업에서도 연결 기업에 준하여 현금 흐름 계산서의 개시가 요구되면서 우리나라에서도 대차대조표, 손익계산서, 현금 흐름 계산서의 재무 3표 시대가 오게 된 것이다.

중소기업에서도 금융기관이나 투자가가 기업에 융자나 투자 심사를 할 때 현금 흐름 계산서의 제시를 요구할 것이 확실하므로, 기업에서는 재무제표인 현금 흐름 계산서의 의의에 대해 명확히 이해해 둘 필요가 있다.

현금 흐름 계산서에 대해 일부에서는 재무 2표의 의의를 부정하는 현금 흐름 계산서 지상주의라고 부를 만큼 극단적인 주장도 나오고 있다. 그러나 현금 흐름 계산서는 재무 3표를 구성하는 하나의 요소로서 이해해야 하며, 현금 흐름 계산서 하나로는 기업 경영 실태를 파악할 수 없다.

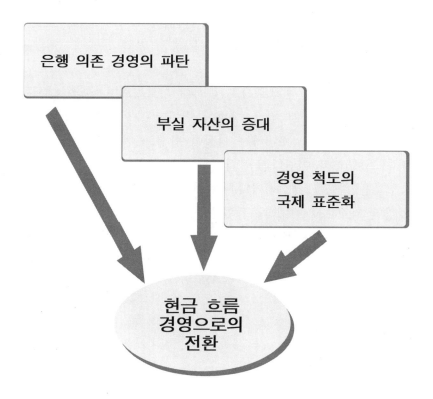

현금 흐름 경영으로의 전환을 가져온 요인

은행 의존 경영의 파탄

부실 자산의 증대

경영 척도의
국제 표준화

현금 흐름
경영으로의
전환

◆ **발생주의 회계 기준에는 한계가 있다**

　기존의 회계 기준은 비용 및 수익을 현금 흐름이 아니라 발생이라는 사실에 기초하여 인식하고 있었다.

　발생주의를 토대로 산정되는 회계상의 이익은 현금 수지를 토대로 산정된 실제 현금 흐름과는 달라서, 내용은 소비 시점에서 발생하고(소비 기준), 수익은 판매 시점에서 실현되는(판매 기준) 것으로 여겨진다.

　발생주의가 실제 현금 흐름이 아니라 소비와 판매라는 사실에 착안하는 이유는 장래 실제 현금 흐름이 확실하다는 전제하에 발생한 시점에서 수익과 비용의 발생을 파악함으로써, 기업 경영 성적의 변화를 현금 동향에 관계없이 신속하게 포착할 수 있기 때문이다. 따라서 발생주의에 의한 기업 활동의 추적은 본래 올바른 것이다.

그럼 왜 근래에 발생주의의 한계를 부르짖으며 현금 흐름주의로 되돌아가는 것 같은 상황이 벌어지고 있을까? 거기에는 '장래 현금 흐름을 초래하는 사실이 발생 시점'을 정확하게 단정 짓기에 매우 어렵다는 불확실성 때문이다.

현대는 상품을 생산하거나 구매했다 하더라도 반드시 장래에 일정한 가격으로 판매할 수 있는 시대가 아니다. 또한 보유 자산의 가치도 시가 베이스에서 크게 변동하는 시대이기 때문에, 주관적인 장래 예상에 좌우되는 기간손익보다는 객관적 사후 결과인 현금 흐름이 중요시되고 있다.

7 현금 흐름으로 파악하는 기업의 경영 실태
현금 흐름의 움직임을 기록하는 회계 시스템이 필요

현금 흐름주의는 발생주의의 문제점을 시정하기 위해 탄생한 것으로서, 발생주의 자체에는 문제점이 없다. 문제는 발생주의에 의한 장래 현금 흐름 발생의 예상이 타당한가의 여부다.

발생주의 회계를 구성하는 재무제표 중 하나인 대차대조표를 살펴보면, 대차대조표의 차변에는 기업이 획득한 자산이 유동 자산, 고정 자산, 연기 자산별로 기재되어 있다. 각 자산은 당기에는 현금화 되지 않지만, 장래에는 현금화 될 가능성을 갖고 있다.

문제는 자산이나 부채 가치의 평가가 장래 현금 흐름과 반드시 일치하지는 않는다는 점에 있다. 재고 자산이나 유가 증권 등의 유동 자산이 현금화 되지 않을 위험이 사회적으로 높아지고 있기 때문에, 유동 자산의 취득이 장래의 확실한 현금 흐름을 보증하지 못하게 되었다.

또한 취득 원가에 의한 평가는 시가에 따른 손익 차이 발생이라는 문제를 내포하고 있으며, 감가상각에 의한 고정 자산의 평가에 대해서도 기술 혁신이 두드러진 오늘날에는 상각 기간이나 잔존 가치 설정이 현실과 크게 괴리되는 경향이 있다.

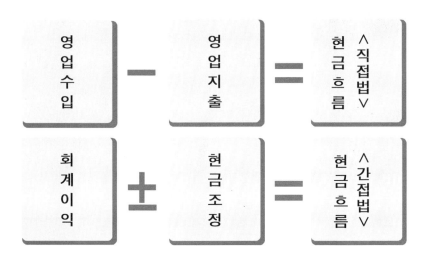

직접법과 간접법

영업수입 − 영업지출 = 현금흐름 ＜직접법＞

회계이익 ± 현금조정 = 현금흐름 ＜간접법＞

　연기 자산으로 계상된 개발비나 시험 연구비 등도 장래 수익 창출의 여부가 명확하지 않아서 경영자의 재량이 개입될 여지가 많은 것이다.

　그 밖에도 국내 대부분의 기업이 연금 자산·연금 부채를 공개하지 않았거나 설정 기준이 애매한 예비금 등 다양한 문제가 존재한다.

◆ 절대 척도로서의 현금 흐름이 요청되고 있다

　발생주의는 기간 내 손익을 정확하게 파악할 수 있지만, 그 유효성은 기간 내에 수익이나 비용을 창출하지 못한 자산이나 부채를 적절히 가치 평가할 수 있느냐에 크게 좌우된다.

　또한 시장의 불안정화로 인해 상품 재고가 사장화 될 가능성이 높아지고 있으며, 중도 회수율이 저하하는 등 이익이 반드시 확실한 현금 흐름을 창출하지 못하고 있다.

이와 같은 배경에서 속임수가 없고 절대적인 척도인 현금 흐름 평가에 대한 중요성이 높아지고 있다.

특히 영업 활동에 필요한 현금 흐름에서 현 사업 유지를 위한 투자 현금 흐름 분을 뺀 '가용 현금 흐름(Free cash flow)'이라는 개념은 기업이 장래 성장을 위해 자유롭게 사용할 수 있는 자금이며, 투자가나 채권자가 기업의 장래성을 평가하는 중요한 지표로 여겨지고 있다.

◆ 현금 흐름 계산서 작성에는 직접법이 바람직하다

현금 흐름 계산서 작성에는 간접법과 직접법의 두 가지 방법이 있다. 간접법은 그 기간의 재무제표 계정 잔고에서 산출하는 방법이지만, 직접법은 현금 동향을 그때그때 전표화해서 기록·집계하는 것으로, 새로운 회계 시스템 구축이 필요해진다.

오늘날 직접법에 의한 현금 흐름 계산서 작성의 예는 거의 없지만, 현금 동향을 세밀히 분석하기 위해서는 마땅히 각각의 현금 거래가 기록되는 직접법이 바람직하다.

앞으로의 회계 시스템에 요구되는 것은 보다 정확하게 기업 경영 실태를 파악하기 위한 상세한 거래 기록의 제공이다. 투자가의 관점에서 생각하면 자신들이 출자한 자본금이 어떻게 사용되며 장래의 현금 흐름을 창출하는 능력을 얼마만큼 획득했는가? 라는 기업의 실제 가치를 알고 싶을 것이다.

경영자 입장에서도 가치 네트워크 사회에 자기 회사의 강점과 약점을 확실히 파악하기 위해서는 신뢰할 수 있는 회계 시스템 구축이 반드시 필요하다.

8 칵테일(Cocktail) 회계
현금 흐름 회계, 세그먼트 회계, ABC 원가 계산 등을 혼합

◆ 새로운 회계 개념의 등장

지금 기업 회계에는 현금 흐름(Cash flow) 계산서나 세그먼트(Segment) 회계, 연결 계산 등 지금까지 회계가 가진 경영 성과 평가력을 강화하는 것을 목적으로 한 새로운 회계 개념이 속속 등장하고 있다.

왜 회계 체계가 개선되어 왔을까? 그것은 기업의 경영 성과를 보다 정확하게 측정하여 표현 방법으로서의 회계 가치를 높이기 위해서이다. 기업간 제휴의 증가 등 기업의 실태를 정확하게 파악할 필요성이 점점 높아지고 있다.

기존의 회계가 비용성을 중시하고 있었던 것에 비해 새로운 전략적 회계 시스템에서는 가치 창조성과 생산성도 중요시되고 있다. 즉, 비용·품질(여기서는 고객 가치와 동등하다)·시간의 세 가지로 기업 성과를 측정하려는 것이다.

세그먼트 회계, 연결 계산, ABC 원가 계산은 경영 성과의 평가 단위를 세분화하거나 확대함으로써 기업의 경영 실태를 보다 정확하게 평가할 수 있도록 하겠다는 것이다.

세그먼트 회계는 개별 사업 부문 등 기업 전체의 경영 성과

고차원으로 많은 분석 요소를 포함한 회계 = 칵테일 회계

칵테일 회계

정치화, 국제화, 기술화
고객화, 정태화(靜態化),
다양화, 미래화, 복잡화

를 구성하는 각 부문의 재무제표를 작성함으로써, 각 부문의 전사적 경영 성과에 대한 공헌도를 측정할 수 있도록 한다. 반대로, 연결 계산은 단독 기업의 경영 성과뿐만 아니라 기업 그룹 전체의 경영 성과를 측정할 수 있도록 하는 것이다.

ABC 원가 계산은 원가 발생 원인이 된 활동 내용을 명확히 하는 것을 말한다.

이런 회계 개념들은 기존의 회계 시스템보다 모두 세밀한 정보 수집을 요하는 것이므로, 기업 안팎에서 기업 성과를 적절

히 평가하기 위해 회계 시스템의 개선이나 기능 강화를 도모할 필요가 있다.

또한 직접법에 의한 현금 흐름 계산서를 실현하기 위해 회계 전표 양식을 재검토하지 않으면 안 된다.

날짜, 계정 과목, 보조 과목, 금액, 적요와 함께 현금 흐름 구분, 부문, 프로젝트, ABC 활동 구분 등 보다 다각적으로 경영 성과를 평가할 수 있는 회계 시스템을 구축할 필요가 있다.

21세기형 회계 시스템은 칵테일처럼 보다 많은 분석 요소를 포함한 고차원적인 것이 될 것이다.

회계 담당자가 알아야 할 회계 지식이 고도화되는 것은 물론이고, 전 사원에게 회계 지식이 필요해진다. 비록 영업 담당자라 할지라도 상품에 관한 폭넓은 지식을 획득하지 못하거나 고객에 대해 부적절하게 대응하면 무형 자산이나 무형 부채가 되어 언젠가는 장래의 현금 흐름으로 그 모습을 드러낸다는 것을 알아두어야 한다. 또한 회계는 그 이용자의 범위도 크게 확대시킬 것이다.

9 셰어드 서비스와 원투원 서비스의 구분
일원 관리와 개별 대응의 조합이 중요

◆ 셰어드 서비스와 원투원 서비스

기업이 매일 수행하고 있는 업무 중에는 부서 내에서나 기업 전체에서 통일적으로 일원 관리해야 할 일이 있고, 각 부서마다 또는 각 담당자마다 개별 대응해야 하는 일도 있다. 또한 고객에 대한 서비스도 고객 전체나 그룹 단위로 대응할 수 있는 일이 있고, 고객 개개인에게 개별 대응해야 하는 일도 있다.

IT 활용 형태에도 통일적인 일원 관리에 의한 효율성을 추구하는 '셰어드 서비스(Shared Service)' 형태와 개별 사례에 대한 대응 강화를 추구하는 '원투원 서비스(One To One Service)' 형태가 있다. 그러나 어느 쪽을 선택하느냐에 따라 IT 활용 효과는 크게 영향을 받는다.

ERP 통합 업무 시스템이나 그룹웨어 등의 IT 경영에는 셰어드 서비스에 의한 조직 개혁을 추구하는 것이고, PC 활용은 본래 사원 개개인의 담당 업무인 생산성 향상을 위한 것이다.

IT를 활용할 경우 대상으로 하는 업무 개선을 '셰어드 서비스'로 해야 할지, '원투원 서비스'로 해야 할지 또는 둘을 혼합해서 해야 할지를 검토하는 것이 아주 중요하다.

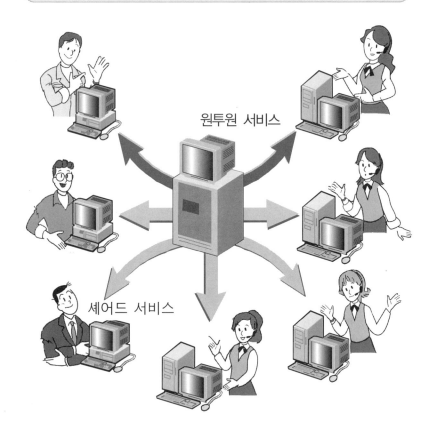

셰어드 서비스와 원투원 서비스

원투원 서비스

셰어드 서비스

　델컴퓨터나 아마존닷컴의 홈페이지 내용을 잘 살펴보면, '셰어드 서비스'와 '원투원 서비스'가 절묘하게 혼합되어 있는 것을 알 수 있다.

　상품 정보 검색이나 주문 방법 등은 표준화되어 있는데, 배송이나 지불에 대해서는(델컴퓨터의 경우는 제조까지도) 파트너인 공급자를 이용하고 있다.

　그러나 델컴퓨터의 프리미어 홈페이지에서는 각 고객에게 서로 다른 상품 정보를 제공하고 있으며, 아마존닷컴에서는 고객의 구매 이력에 맞는 서적 소개 메일을 발송하고 있다. 사람이 관여하는 일은 모두 셰어드 서비스적인 요소와 원투원 서비스적 요소가 혼합되어 있는 것이다.

지금 우리들은 인터넷으로 전 세계에 있는 특정한 사람에게 e메일을 보낼 수도 있고, 글로벌 기업 제휴와 같은 공급 사슬 시스템도 구축할 수 있다. 이처럼 우리들은 정말 자유로운 정보 시스템을 구축할 수 있게 되었다.

그러나 아직까지 과거의 컴퓨터 문화에서 벗어나지 못한 채 오로지 '셰어드 서비스'나 '원투원 서비스' 중 하나만을 고집하는 사업자가 존재하는 것도 사실이다.

'셰어드 서비스'와 '원투원 서비스'의 혼합에 의한 21세기형 정보 시스템을 구축할 수 있는가가 앞으로 기업의 운명을 좌우하게 될 것이라고 해도 과언이 아니다.

10 중요성이 중대하는 IR
더욱 더 요구되는 경영의 투명성

◆ **중요성이 중대하는 IR**

IR(Investor Relations)은 통상 '투자가를 위한 전략적 홍보 활동'으로 설명되며, 주주나 투자가와의 긴밀한 의사소통을 통해 기업 자체를 마케팅하는 활동이다.

미국 IR협회는 IR에 대해 다음과 같이 정의하고 있다.

'IR이란, 기업의 재무 기능과 의사소통 기능을 결합하여 수행되는 전략적이고 기업 전체적인 마케팅 활동이며, 투자가에게 기업 업적이나 장래성에 관한 정확한 모습을 제공하는 것이다. 그리고 IR 활동은 궁극적으로 기업의 자본 비용을 줄이는 효과를 갖고 있다.'

그러나 유럽의 선진국들은, IR을 통해 주주나 투자가뿐만 아니라 거래처나 금융기관·감독관청·종업원·노동조합·고객 등 적극적인 이해 관계자, 나아가서는 애널리스트(Analyst)나 저널리스트, 평가기관 등 광범위한 상대에게 기업 가치 판단에 유용한 재료로 여러 가지 정보를 자발적으로 제공하고 있다.

기업이 IR을 실시하는 이유도 보다 적극적으로 변화하고 있다. 사업 내용을 적극적으로 공개하여 외부의 목소리에 귀를

일본 기업의 IR 활동 상황

1위 사업 보고서
2위 영문(英文) 연차 보고서
3위 회사 안내
4위 뉴스 레터
5위 인터넷
6위 결산 설명 보충 자료
7위 연차보고서 보완 데이터 자료
8위 비디오
9위 주주 통신, 주주 소식
11위 일문(日文) 연차 보고서
12위 기타
13위 CD-ROM
10위 IR 광고

「IR 활동실태조사」(1997년 3월 일본 IR협의회)

기울임으로써 이해 관계자와의 신뢰 관계를 돈독히 하는 기업이 증가하고 있다. 또한 발행주식이 시장에서 정당한 평가를 얻는 것에만 머무르지 않고, 기업의 지명도나 이미지를 높이고 자기 회사의 고정 고객을 늘리고자 IR을 실시하는 기업도 증가하고 있다. 부정적인 정보라도 사전 또는 사후에 신속하게 대응하여 경영의 투명성을 높임으로써, 결과적으로는 투자가나 거래처, 사원 등과 강한 신뢰 관계를 구축할 수 있는 것이다.

◆ 인터넷으로 가속화 되는 IR

IR 활동은 법적인 규제를 받지 않으며 어디까지나 기업의 독자적 판단으로 실시된다. 따라서 연차 보고서(annual report)나 팩트북 등의 기재 내용, 결산 설명회나 애널리스트·기관투자가를 위한 설명회 등의 실시 시기에 대해서도 기업의 자유이며, 공개되는 정보는 기업의 IR 전략에 의존한다.

그러나 부적절한 정보 공개는 그 기업에 대한 신뢰 저하 등 시장에서 제재를 받는다. 오히려 IR 활동에서는 상법이나 증권 거래법에서 의무화한 정보 공개(disclosure) 이상으로 질이나 양적인 면에서 충분한 정보 공개가 요구되는 것이다.

IR 활동에서 인터넷의 중요성은 갈수록 높아지고 있으며, 앞으로도 대량의 정보를 국제적으로 시의적절하게 제공할 수 있는 매체로서 더욱 더 활용될 것이다.

일본의 경우 대장성에서 정보 공개 수단으로 인터넷을 적극적으로 활용하는 방향을 명확히 하여, 2000년 3월 결산기를 기준으로 유가 증권 보고서나 반기 보고서 등 증권거래법이 규정하는 모든 공시 서류의 제출이나 열람을 전자화 할 방침을 세우고 있다.

미국에서는 SEC(증권거래위원회)가 이미 전자 공시 시스템 EDGAR을 도입하여 투자가가 인터넷을 통해 기업의 공시 정보를 24시간 열람 또는 다운로드 할 수 있게 하고 있다.

또한 각 기업에서도 홈페이지를 단순한 PR 수단으로 이용하는 것이 아니라 중요 IR 수단으로 활용하고 있으며, 투자가가 e메일로 연차 보고서에 관한 질문을 하는 등 기업 창구로서의 역할도 홈페이지가 담당하고 있다.

우리나라에서도 앞으로 IR 활동의 가장 중요한 수단으로 인터넷이 이용될 것이라는 점은 의심할 여지가 없다.

11 IR이 경영을 변혁시킨다
투자가의 경영 참여를 인터넷이 연다

◆ 인터넷 IR이 정보 공개를 비약적으로 진전

기존의 매스 미디어 지향 IR 활동이 기업 측의 일방적인 정보 공개에 머무르는 경우가 많았던 것에 비해, 인터넷상의 IR 활동에서는 각 목표마다 페이지 구성이나 내용을 바꿈으로써 요구에 맞는 정보를 제공할 수 있게 된다.

또한 e메일이나 전자 게시판 등의 쌍방향 커뮤니케이션 기능을 이용함으로써 각 투자가 등과 관계를 구축할 수 있으며, 외부로부터의 '경영 참가'도 가능해진다.

앞으로 다양한 이해 관계자에 관한 정보 제공이나 의견 반영을 실현해 나가기 위해 인터넷 활용의 중요성이 점점 더 높아질 것이다. 개인투자자 등 소규모 주주에 의한 실질적인 경영 참여의 길이 열릴 가능성도 있다.

◆ 기업 전체에 IR의 의의를 이해시킨다

그러나 이를 위해서는 기업 측에 IR의 의의를 올바로 이해시켜, 목표 명확화, 체제 강화 및 기업 가치 측정 기능의 강화를 목적으로 한 회계 시스템을 재구축하는 등의 개선책을 추진해

소프트뱅크의 홈페이지에 있는 IR 정보

214 IT 경영 전략

야 한다.

우선은 경영 내용 공개 및 회사 지명도나 이미지 향상을 통해 고정 고객을 늘리거나 자본 조달력을 높이는 것이 중요하다는 사실을 IR 담당자뿐만 아니라 기업 전체에 인식시키는 것이 선결 과제다.

그리고 주주 지향 등 목표로 하는 쪽의 관점에서 공개해야 할 정보를 체계화함으로써, 기업 측의 정보 제공과 외부로부터의 의견 제공이라는 쌍방향 커뮤니케이션의 실현을 목표로 해야 한다.

앞쪽의 홈페이지 화면은 소프트뱅크의 홈페이지에서 제공받은 IR 정보다. 이미 이런 정보 공개를 실시하고 있는 기업이 투자가의 지지를 얻고 있는 것이다.

12 인트라넷은 내용으로 결정된다
가치 네트워크 전략으로서의 인트라넷

◆ 사내 네트워크만이 인트라넷은 아니다

인트라넷(Intranet)이란 무엇인가? 일반적으로는 인터넷 관련 IT에 의한 사내 네트워크 구축을 말한다. 그러나 인트라넷은 그것이 모두가 아니다.

분명 사내 업무 시스템이 인트라넷에 대응하면 사외 정보와 사내 정보를 웹브라우저상에서 직접 교환할 수 있게 된다. 그러나 사내 정보를 직접 연결하는 것만으로는 의미가 없다. 내용적으로 가치 있는 정보가 공유되고 있는지가 문제다.

이런 사내 네트워크 구축은 지금까지 사내 업무의 효율화라는 관점에서만 논의되어 왔다. 그러나 기업간 가치 네트워크 구축을 염두에 두고, 기업간 정보 공유를 생각할 경우 인트라넷에 의한 사내 정보의 일원 관리는 가치 네트워크 전략의 전제가 되고 있다.

◆ 파트너 기업에 자기 회사 정보를 제공

가치 네트워크에 의한 기업간의 전략적 제휴는 앞으로 점점 더 활성화될 것이다. 그런 경우에는 사외 파트너 기업에게 자

기 회사를 어느 정도 이해시키는가가 제휴를 성공시키는 가장 중요한 열쇠가 된다.

그렇지만 성공적인 제휴를 위해서는 우선 자기 회사를 자사 사원이 어느 정도 이해하고 있는지가 문제가 된다. 사원이 자기 회사의 강점이나 약점을 확실히 파악하지 못하면 제휴해야 할 내용을 오해할지도 모르기 때문이다.

가치 네트워크 전략을 추진하려는 기업은 보다 전략적인 기업간 제휴를 실현하기 위해 자기 회사의 상황을 충분히 주지한 다음, 보다 적극적으로 기업 정보를 공개·제공해야 한다.

◆ 먼저 사내 정보의 일원 관리를 추진한다

이를 위해서는 우선 사내 정보의 디지털화, 네트워크 공유화를 추진해 나가야 한다.

앞쪽의 화면은 필자가 구축한 경영자를 위한 경영 정보 시스템으로, 사내 정보의 조감도로서 다양한 사내 정보를 일원 관리한 것이다. 자기 회사를 충분히 알지 못하면 전략적 제휴를 실현할 수 없다는 사실을 명심해야 한다.

13 전자상거래가 추진하는 고객 주도 시장

고객이 구축하는 비즈니스 모델

◆ 푸시 전략에서의 탈피

지금까지의 기업 경영 활동은 프로덕트 아웃(Product out), 즉 '만든 것을 판다', '만들면 팔린다'는 푸시(push) 전략에 기초하고 있었다. 그 후 '만들면 팔리는' 시대가 지나가고 '팔리도록 선전하는' 시대로 변화해 나갔지만, 본질적으로는 푸시 전략에서 벗어나지 못했다.

EC(전자상거래 : Electronic Commerce)가 만들어내는 새로운 비즈니스 모델은 푸시 전략에서 완전히 탈피하는 것이다. '만든 것을 판다'는 것에서 '팔리는 것을 만든다'는 것으로 패러다임이 변화한 것이다. 또한 전자상거래에 의해 '고객과 함께 만든다'는 전략이 나왔다.

'고객과 함께 만든다'는 전략을 실현하기 위해서는 기존의 소비자와 공급자가 대면하는 마케팅 스타일이 아니라, 공급자가 소비자와 같은 위치에서 함께 '무엇이 필요한가'를 생각하는 마케팅 스타일이 필요하다.

실제로 공급자가 소비자와 같은 위치에 있을 수는 없기 때문에 전자상거래에서는 공급자와 소비자가 인터넷상의 '야후'와

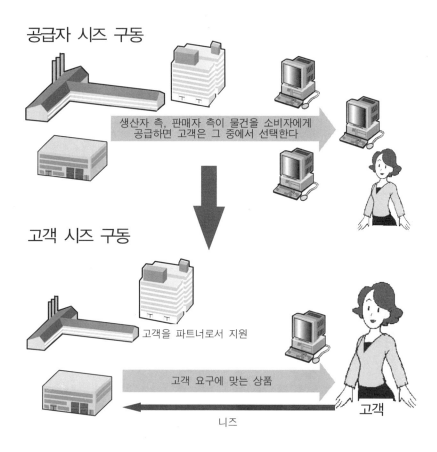

시즈(seeds) 구동에서 니즈(needs) 구동으로

공급자 시즈 구동

생산자 측, 판매자 측이 물건을 소비자에게
공급하면 고객은 그 중에서 선택한다

고객 시즈 구동

고객을 파트너로서 지원

고객 요구에 맞는 상품

니즈

고객

같은 포털을 통해 정보를 교환함으로써 '고객과 함께 만든다'는
전략을 실현하고 있다. 거기서 공급자는 상품을 소비자의 요구
에 얼마나 잘 맞추는가가 중요해졌다.

◆ 생활 배경에 맞춘 마케팅
전자상거래는 소비자가 자신의 요구에 맞춰 상품을 구매하는 스타일에서, 공급자가 소비자의 요구에 맞춰 상품을 조합시키는 스타일로 마케팅 스타일을 변화시켜 왔다 .

구체적인 상품이나 서비스로 나타나기 이전에 고객 요구는 생활 배경이나 이벤트에 부수되어 존재하는 것이다.

예를 들어 '결혼'이라는 이벤트에는 이사, 가구 및 전기 제품의 교환, 여행 등등 실로 다양한 상품이나 서비스 요구가 부수되어 있다.

이에 비해 실제로 가전 제조회사 중에는 '야후'에서 '전기 제품'이라는 카테고리 내에서 판매 활동을 할 뿐만 아니라, '결혼'이라는 카테고리 내에서도 호텔이나 여행 대리점 등과 공동으로 결혼 서비스에 관한 모든 것을 선전하는 기업이 등장했다.

이처럼 단일 상품이나 서비스를 구매할 경우에도 소비자 측의 구매 조건에 공급자가 적극적으로 맞춰나가는 것이다.

전자상거래에 의해 탄생되어 확립되려고 하는 새로운 비즈니스 모델은 소비자 주도형 비즈니스 모델이라고 할 수 있다.

고객 요구와 직결되어 자기 회사 조직까지 포함한 공급자를 얼마나 고객 요구에 맞게 연동시켜 나가느냐가 포인트이다.

14 전자상거래에 의한 새로운 비즈니스 모델
소비자 주도, 고객의 요구 활용에 의한 전자상거래

◆ **미래의 전자상거래**

소비자 주도, 고객의 요구 구동에 의한 전자상거래의 비즈니스 모델은 다음과 같이 된다.

① 고객… EC 활동은 고객의 요구를 위해 고객 요구에서 출발한다. 유의해야 할 점은 현재의 고객이 최종 고객이라고는 할 수 없다는 점이다. 판매처가 어디든 최종 고객 = 소비자의 요구를 이해하지 않으면 고객의 요구를 정말로 이해하지 못하게 된다.

② 공급자… 고객에게 재화나 서비스를 제공하는 공급자는 고객에게 제공할 수 있는 가치를 명확히 제시할 필요가 있다. 또한 고객 요구에 대응하기 위해서는 한 기업의 재화나 서비스 제공으로는 불가능하기 때문에 관련 공급자와의 공급 사슬을 구축할 필요가 있다.

③ 포털… 고객과 공급자에 대한 가상공간(인터넷)으로의 출입구다. 야후 등의 웹 검색 서비스가 여기에 해당된다. 포털은 가상공간에서 고객이나 공급자가 시간과 거리 제약을 초월하여 서로 만날 수 있게 하는 역할을 수행한다.

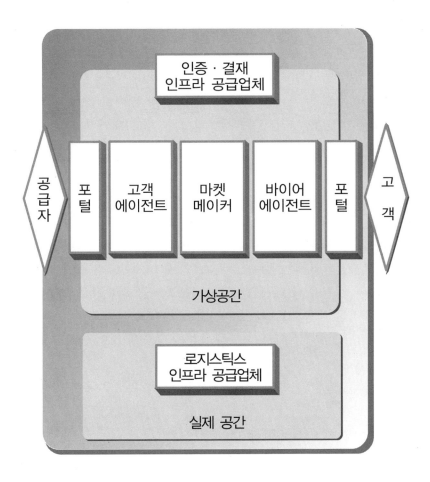

EC의 비즈니스 모델

인증 · 결재
인프라 공급업체

공급자

포털 | 고객 에이전트 | 마켓 메이커 | 바이어 에이전트 | 포털

고객

가상공간

로지스틱스
인프라 공급업체

실제 공간

④ 에이전트… 에이전트는 고객과 공급자의 대리인으로서 구매나 판매의 의사 결정에 필요한 정보 수집을 한다. 자동차 판매 중개업인 '카포인트'(Carpoint)나 '오토바이텔'(Autobytel)이 전형적인 에이전트다. 고객과 공급자가 인터넷상의 방대한 정보 속에서 만나는 일이 점점 더 힘들어지고 있다. 에이전트는

고객의 요구나 공급자의 시즈(seeds)를 숙지하여 구매나 판매를 지원하는 사업체로 향후 인터넷 비즈니스에서 성장이 기대되는 분야라고 할 수 있다.

⑤ 마켓 메이커(Market Maker)… 마켓 메이커는 방대한 수의 수요와 공급을 맞추는 사업체이다. 현실 경제의 시장에 가까운 경매 사이트뿐만 아니라 사이버 몰도 마켓 메이커 중 하나라고 생각할 수 있다. 그러나 본래적 의미의 마켓 메이커는 '카포인트'나 '오토바이텔' 등의 에이전트를 매개한 매칭 시스템을 실현하는 것이라고 생각할 수 있다.

⑥ 인프라 공급업체(Infra Provider)… 인프라 공급업체는 전자상거래 발전에 반드시 필요한 서비스를 제공하는데, 상대의 인증과 대금 결제를 확실히 하는 인증·결제 인프라 공급업체가 실제 물류를 담당하는 로지스틱스 인프라 제공자가 있다. 전자상거래의 성장을 위해서는 사이버 몰과 연동하는 안전한 결제와 효율적인 물류 기능의 중요성이 증대하고 있다.

15 전자상거래가 가속화시키는 재구축
새로운 경영 스타일이 생겨나고 있다

◆ 4가지 타입의 재구축

전자상거래에 의해 고객 요구 구동형 비즈니스 모델에 적합한 경영 스타일을 구축하는 기업이 활약하기 시작하고 있다.

기존의 경영 스타일을 전자상거래라는 새로운 관점에서 재검토하여 다시 만드는 것을 재구축(Deconstruction)이라고 한다.

기존의 비즈니스 스타일에서는 사업에 필요한 기능을 모두 스스로 갖추는 통합형이었던 것에 비해, 재구축으로 새롭게 출현한 경영 스타일에는 크게 4가지 타입이 있다.

① 레이어마스터(Layermaster)

자기 회사의 강점 분야를 특화해서 그 분야에서 걸리버적인 지위(시장 제패)를 목표로 하는 전문 특화형 경영 스타일이다.

② 오케스트레이터(Orchestrater)

고객의 요구에 대응하는 가치 제공을 경영 사명으로 하여 자기 회사 스스로 수주나 서비스 업무에 특화하고, 제조나 배송 등의 업무는 외부의 레이어마스터 기업을 적극적으로 활용하는 외부 기능 활용형 경영 스타일이다.

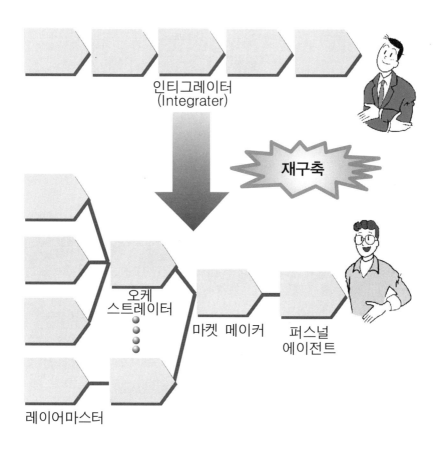

재구축의 4가지 타입

인티그레이터
(Integrater)

재구축

오케
스트레이터

마켓 메이커

퍼스널
에이전트

레이어마스터

③ 마켓 메이커(Market Maker)

기존의 가치 사슬을 타파하고 새로운 시장을 만들어내는 거
래 시장 창출형 경영 스타일이다. 마켓 메이커는 소비자에게는
보다 유리한 구매 상대를, 공급자에게는 보다 많은 판매처를
제공해야 하며, 많은 고객이나 공급자를 모을 수 있는 브랜드
파워가 필요하다.

④ 퍼스널 에이전트(Personal Agent)

퍼스널 에이전트는 고객의 관점에서 구매를 돕거나 정보를 제공하는 구매 대리점형 경영 스타일로, 소매업이나 도매업 등 판매 기업 대부분이 지향해야 하는 스타일이다.

기존의 소매업자나 도매업자들은 대부분 제조회사나 도매업자의 관점에서 판매를 돕는 판매 대리점적인 색채가 강했던 것에 비해, 퍼스널 에이전트는 고객의 관점에서 구매를 지원하는 형태다.

퍼스널 에이전트의 전형인 아마존닷컴이 상품을 홈페이지 상에서 제시하고 고객의 기호에 맞는 서적을 e메일로 발송하는 것도 고객에 대한 구매 지원 서비스를 이익원으로 하고 있기 때문이다.

이와 같이 재구축으로 새롭게 등장한 4가지 경영 스타일을 실현한 기업끼리 연계되어 고객을 출발점으로 하는 가치 네트워크를 형성하는 것이다.

그리고 '오케스트레이터가 마켓 메이커 제공의 전자 조달 시장에서 찾아낸 레이어마스터를 조합하여 상품이나 서비스를 추출해내는' 과거에는 볼 수 없었던 전혀 새로운 산업 형태가 나타나고 있다.

16 IT와 밀접하게 관련된 위기 관리
위기 관리를 2000년 문제(Y2K) 만으로 끝내지 마라

슈퍼마켓에서 만약 POS 레지스터가 정지했다면 개점할 수 있을까? POS 레지스터는 보통 회선이나 호스트 컴퓨터가 정지했을 경우에도 지역적으로 실적 데이터를 축적해 두고 장해 복구 후에 일괄해서 데이터를 송신하는 기능을 갖고 있다.

기계 자체가 고장 났을 경우에는 POS 데이터를 수집하지 못해도 전자계산기만 있으면 정산은 가능하다. 최악의 경우 손수 거래를 기록해 두면 되는 것이다.

컴퓨터가 기계인 이상 고장은 나기 마련이다. 그러나 컴퓨터 상의 업무 데이터를 확실히 백업할 수 있는 기업은 그리 많지 않다.

'컴퓨터가 정지했으니 일을 할 수 없다', '컴퓨터가 멈췄으니 큰일났다'가 아니라 발생할 가능성이 있는 리스크를 사전에 파악해 두고 각 리스크에 대한 대책을 마련하는 것이 필요하다.

◆ 페일세이프(Fail-safe)와 페일소프트(Fail-soft)
리스크에 대한 대응책에는 두 가지 종류가 있다.

리스크 발생을 완전히 예방하거나 대체할 수 있는 '페일세이

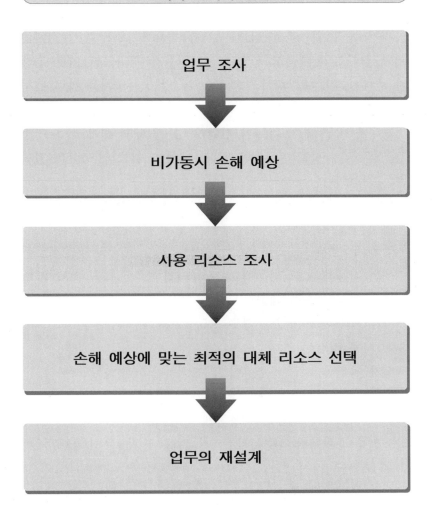

위기 관리의 절차

업무 조사

비가동시 손해 예상

사용 리소스 조사

손해 예상에 맞는 최적의 대체 리소스 선택

업무의 재설계

프'와 리스크 발생에 따른 피해를 최소한으로 억제하는 '페일소프트'라는 방책이다.

페일세이프의 예로는 항상 또 한 대의 컴퓨터를 준비해 두고 장해 발생시 업무 소프트웨어를 인스톨해서 사용할 경우를 들

수 있으며, 페일소프트의 예로는 데이터를 백업해서 나중에 복구할 수 있도록 해두는 경우를 들 수 있다.

위기 관리 입안을 어렵게 생각할 필요는 없다. 자기 회사에 어떤 업무가 존재하고 있으며, 그 업무가 정지하면 어떤 손해가 발생하는지 예상해서 손해 정도에 맞는 대응책을 마련해 두는 것이다.

그렇게 하면 우선 하나의 기능이 정지했다고 해서 모든 업무가 정지하는 것을 피할 수 있다. 문제는 대응책을 갖고 있지 않은 경우이다.

일반적인 위기 관리(Risk Management) 입안 절차를 아래에 제시해 두겠다.

① 업무 조사

우선 가동해야 할 업무에 대해 조사한다.

② 비가동시 손해 예상

각 업무가 중단되었을 경우 그 손해를 예상해 둔다.

③ 사용 리소스 조사

비가동 원인이 될 가능성이 있는 사용 리소스를 조사한다.

④ 손해 예상에 맞는 최적의 대체 리소스 선택

사용 리소스가 기능하지 못하게 된 손해 원인에 적합한 대체 리소스를 찾아낸다. 대체 리소스가 없을 경우에는 보험에 의한 손실 보전을 한다.

⑤ 업무의 재설계

장해 발생시 대체 리소스에 의한 업무 절차를 설계해 둔다.

17 B2C에서 B2B2C로
수요 사슬을 창출하라

◆ 인터넷 쇼핑몰의 커다란 가능성

인터넷을 통해 많은 상품을 판매하는 쇼핑몰은 날이 갈수록 늘어가고 있는 추세이다. 의류, 상품, 서적 등 생활용품을 비롯하여 자동차나 여행 등 고액 상품까지 집이나 회사에서 구입할 수 있다.

그러면 슈퍼나 일반 가게에서 구입할 수도 있는데 일부러 쇼핑몰에서 구입하는 이유는 무엇일까? '24시간 쇼핑 가능하다', '굳이 외출하지 않아도 된다', '원하는 상품을 검색할 수 있다' 등의 몇 가지의 매력을 쇼핑몰은 가지고 있다.

그러나 쇼핑몰은 보다 큰 가능성이 있다. 델컴퓨터나 아마존 닷컴이 실현하고 있는 것처럼, 인터넷을 통하여 기업간 제휴가 가능하게 된다면 비용 절감에 의한 저가격화와 신속한 납품이 가능해진다.

◆ B2C와 B2B, 그리고 B2B2C

인터넷 쇼핑몰이 기업과 소비자간 전자상거래(B2C : Business To Consumer)라고 불리는데 비해, 인터넷을 통한 기업간 제휴

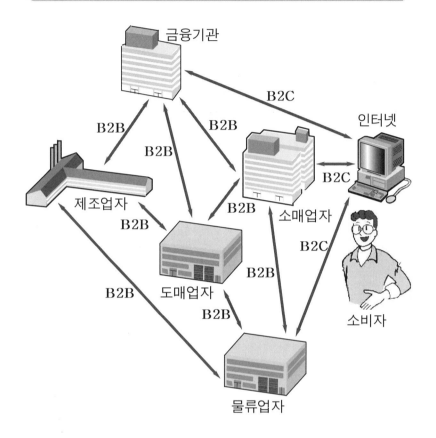

B2C와 B2B2C

는 기업간 전자상거래(B2B : Business To Business)라고 불린다. 그러면 델컴퓨터나 아마존닷컴이 실현하고 있는 인터넷 쇼핑몰은 B2B2C(Business To Business To Consumer) 전자상거래라고 불려야 할 것이다.

B2B2C는 B2B에 의한 공급 사슬과 B2C에 의한 수요 사슬이 연결된 것이라고 할 수 있다. 기업간에 다양한 B2B 전자상거래를 실현함으로써 지금까지는 존재하지 않았던 복수 상품이나

부대 서비스를 조합한 새로운 상품을 기획하는 것도 가능하다.

복수 상품의 조합으로 소비자 요구에 보다 한 발 다가선 솔루션 셀링이 가능해지고, 부대 서비스를 조합함으로써 지불 방법이나 배송 방법 등의 옵션 제공이 가능해질 것이다.

또한 B2B 전자상거래를 기본으로 한 인터넷 쇼핑몰에서는 고객이 주문하자마자, 공급자뿐만 아니라 매입처로의 발주나 금융기관에 대한 지불 지시, 물류회사에 대한 배송 지시 등을 실시간으로 완료시키는 것도 가능해진다.

자기 회사 재고가 없을 경우에도 매입처의 제조 예정 일자를 조사하여 납기를 통지할 수 있을 것이다. 또한 각 기업이 자기 회사 리소스의 잉여 정보를 공유함으로써 창고나 배송 차량의 상호 이용, 상품 재고가 있는 빈 점포, 예약 제한이 있는 호텔이나 레스토랑만 모은 사이버 몰 등도 구축할 수 있게(일부는 이미 실현 단계) 될 것이다. 따라서 B2B2C 전자상거래야말로 21세기형 인터넷 쇼핑몰이라고 말할 수 있다.

데이터 웨어하우스로 구매 실적을 분석한다

◆ 고객의 신호를 수신하다

수입 잡화 도매 사업을 운영하는 오사카의 주식회사 아마노에서는 데이터 웨어하우스 소프트웨어 Data Nature를 도입하여 상품 분석 강화를 꾀하고 있다.

오피스 컴퓨터상의 구매 실적 정보를 PC에서 추려내어 Data Nature로 다양한 측면에서 집계함으로써, 지금까지 깨닫지 못했던 경향을 파악하고자 하는 것이다.

지금까지 컴퓨터를 도입하고 있는 기업에서는 일반적으로 판매 데이터를 분석하여 매출액의 차이를 보고 상품이나 고객 관리를 하고 있었다.

그러나 매출액의 변화를 파악해도 그것은 사후 결과다. 매출액이 오른 상품이나 구매액이 내려간 고객을 사후에 알게 된다 하더라도 얼마나 의미가 있을까? 아직 아무도 상황을 파악하지 못한 단계에서 장래 결과를 예상할 수 없다면 데이터를 수집할 의미는 없다.

데이터 웨어하우스에서는 구매 실적 정보에서 구매 빈도나 구매 간격을 측정함으로써 상품력 변화나 고객 요구를 재빨리 파악할 수 있게 된다. 매출액을 집계하는 것이 아니라 매출 빈도를 집계함으로써, 고객의 거래 금액에 관계없이 상품에 대한 전체 고객의 구매 매력 저하 조짐을 인지할 수 있는 것이다.

사후 매출이 아니라 수주 건수나 견적 건수를 집계할 수 있다면, 고객이 내보내는 신호를 더 신속하게 수신할 수 있을 것이다.

단골 거래처명	매출일	매출금액
야마다상사	1999/12/20	5
야마다상사	1999/12/10	3
야마다상사	1999/12/01	1
야마다상사	1999/11/21	6
야마다상사	1999/11/09	4
야마다상사	1999/11/02	2
다나카공업	1999/12/02	9
다나카공업	1999/11/23	25
다나카공업	1999/11/01	10

다나카공업은 12월 20일 이후 주문이 있을 예정

고객 행동의 사후 결과가 아니라 고객 행동의 징후를 파악한다.

또한 각 고객의 구매 실적을 구매일별로 빈도 집계함으로써 구매 간격을 측정할 수 있다.

예를 들어 지금까지 열흘에 한번 상거래가 있던 고객이 보름이 지나도록 구매하지 않았을 경우 '무슨 일이 있나'하고 생각할 수 있을 것이다. 자칫하면 고객이 다른 업자에게 구매를 시작했을지도 모른다. 아니면 자기 회사에 무슨 실수가 있어서 고객이 불만을 갖고 있을지도 모른다.

구매 빈도가 감소하고 있다는 것을 재빨리 숙지할 수 있다면 그 상품의 판매력 저하 시점을 파악해서 패키지 변경이나 할인 판매 등 매출을 높일 수 있는 방안을 시의적절하게 선택할 수 있게 된다.

구매 간격이 길어진 고객에 대해서는 전화나 방문 영업에 의한 후속 조치를, 구매 간격이 짧아진 고객에게는 거래 조건을 개선하여 관계를 더욱 강화해 나갈 수 있다.

데이터 웨어하우스의 성공은 고객이 발신하는 신호를 얼마나 신속하게 수신할 수 있느냐에 달려 있다고 할 수 있다.

고객이 발신하고 있는 신호에는 아주 많은 종류가 있다.

데이터 웨어하우스에 의한 데이터 분석의 정밀도를 높이기 위해서는 얼마나 많은 재료 정보를 입수할 수 있느냐가 최대의 관건이다.

POS 시스템이 없다면 각 단품의 판매 정보는 입수할 수 없다. 고객이 카드를 이용해주지 않는다면 각 고객의 구매 정보도 입수할 수 없을 것이다. 또한 재료 정보가 입수되었다 하더라도 재료 정보 내용을 신뢰할 수 없다면 오히려 잘못된 분석 결과를 얻을 지도 모른다.

데이터 웨어하우스는 정밀도 높은 재료 정보를 수집하는 착실한 노력을 통해 활용할 수 있게 되며, 지혜와 주의력을 짜내어 고객이 내보내는 신호를 제대로 파악해야만 비로소 성공할 수 있다.

제6장

IT에 의한 기업 혁신 절차

IT 도입에 성공한 기업에는 공통점이 있다.

성공한 기업들은 IT 도입을 업자에게만 일임하는 것이 아니라, 자신들의 손으로 IT를 활용한 새로운 비즈니스 모델을 고안해내고 있다.

IT는 도구에 지나지 않지만, 경영 혁신에 사용할 수 있는 유용한 도구이다. 사무자동화(OA)에만 사용한다면 너무 아까운 수단이다.

IT의 도입에 필요한 지식으로는 IT 자체의 지식보다는 IT가 활약할 수 있는 무대, 즉 기업 업무에 관한 지식이 중요하다. 방송국 프로듀서가 TV 방송 기술의 프로가 아니라 시청자를 위한 프로그램을 기획하는 능력이 필요한 것과 같다.

그러나 실제로는 도대체 무엇을 위한 IT 도입인지 의심스러운 경우가 끊이질 않는다. 그 배경에는 IT 도입에 대해 잘못된 사고 방식을 가진 사람들이 있다.

업무 내용은 그대로인데 일을 즐겁게 하는 것이 컴퓨터 사용법이라고 오해하는 사람들이다. 결코 그런 목적을 위해 IT를 도입해야 하는 것이 아니다. 오히려 IT의 활용으로 비즈니스 모델을 개혁하여 인간도 더욱 효과적으로 일할 수 있도록 해야 한다.

IT 도입을 성공시키기 위해서는 우선 IT가 기업 혁신을 위해 활용되어야 한다는 것을 최고경영자 스스로가 이해하고 전사적으로 앞장서야 한다.

1 IT 경영형 기업으로의 비약
정보화 전략의 추진은 경영자가 앞장선다

◆ 정보화의 '제로점' 확립에서 시작되는 IT 경영

IT로 기업 혁신을 추진해 나가는 표준적인 접근 방식을 아래에 제시하겠다. 가장 중요한 것이 '정보 시스템의 구축'으로, 담당자나 업자에게만 맡기지 말고 기업 혁신이라는 관점에서 경영자 스스로가 기본 전략 책정에 참여하는 것이다.

제1단계 정보화 기본 전략 책정

정보화의 목적은 기업 경영의 본질에 관련된 것으로, 이를 추진하기 위해서는 경영자 스스로가 정보화 기본 전략을 경영 전략으로 책정해 사내에 정보화의 내용과 확고한 리더십을 제시할 필요가 있다. IT에 의한 기업 혁신은 바로 여기서부터 시작된다. 필자는 제1단계를 정보화의 '제로점 확립'이라고 부르고 있다. 제로점이 명확히 정해지지 않은 프로젝트는 나중에 반드시 문제가 발생한다.

제2단계 정보화 추진 프로젝트팀을 만든다

IT 경영의 추진자에게는 컴퓨터 지식보다는 오히려 업무 개

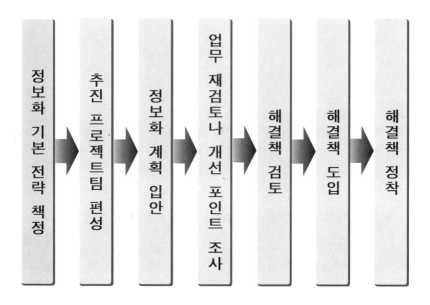

IT에 의한 기업 혁신의 흐름

정보화 기본 전략 책정 → 추진 프로젝트팀 편성 → 정보화 계획 입안 → 업무 재검토나 개선 포인트 조사 → 해결책 검토 → 해결책 도입 → 해결책 정착

선 의욕이 필요하다. 업무 지식이나 경험, 연령도 제약받지 않는다. 프로젝트팀 구성원에게 가장 필요한 자질도 마찬가지다. 그들에게는 기존의 사고 개념에 얽매이지 않는 개선 의욕이 필요하다.

제3단계 정보화 계획을 입안한다

정보화 계획에 요구되는 것은 정보화 기본 전략을 토대로 달성해야 할 경영 과제를 우선시하는 것이다. 그러나 IT 발전 속도가 빠르고 개선해야 할 업무 테마도 오랫동안 고정되는 것이 아니기 때문에, 상황에 유연하게 대응하는 궤도 수정이 필요하다. 또한 정보화는 사원의 능력을 향상시키지 않고는 추진해 나갈 수 없다. 사원 능력 향상 교육을 시행하면서 열매를 수확해 나가는 정보화 계획이 필요하다.

제4단계 업무 재검토나 개선 포인트 조사

업무를 재검토함으로써 개선해야 할 업무상 포인트가 드러나게 된다. 그러나 업무 재검토는 항상 불완전할 위험을 갖고 있다. 특히 사내에서 상식화·습관화 되어 있는 업무는 밖에서 보기에 이상하게 보이는 데도 내부인에게는 당연시 되는 경우가 많기 때문에 재검토를 하면 저항이 발생하기 쉽다. 따라서 부서 장벽을 초월한 기업 전체적 시야가 필요하다.

제5단계 해결책을 검토한다

기업 중에는 정보 시스템의 설계를 업자에게 맡기거나 패키지 소프트웨어를 안이하게 선정해버리는 사례가 많이 있다. 그러나 자기 회사가 처해 있는 경영 환경이나 경영 전략에 무지한 사외 인사가 최선의 해결책을 갖고 올 가능성은 제로에 가깝다고 생각해야 한다.

또한 제1단계의 정보화 기본 전략 책정에서 무엇을 위한 정보화인지 확실히 설정하지 않았기 때문에 경영 전략과 동떨어진 단순한 업무 효율화를 목적으로 한 해결책이 선정되는 경우도 있다.

제6단계 해결책을 도입한다

자기 회사에서 찾아낸 해결책을 제안 요구서 형태로 정리하고 여러 업자들로부터 제안을 받아 최선의 제안을 선택하는 것이 가장 바람직한 방법이다.

자기 회사의 경영 전략을 실현하기 위한 중요한 파트너로서 신중하게 업자를 선정하고, 선정 후에도 업자에게 맡기는 것이 아니라 사내 담당자와 업자를 구성원으로 하는 프로젝트팀을 편성하는 것이 필요하다.

제7단계 해결책을 정착시킨다

도입한 해결책을 정착시키기 위해서는 사원 교육과 경우에 따라서는 해결책에 맞는 조직 구성도 필요하다. 새로운 정보 시스템을 전제로 한 업무 절차도 설계할 필요가 있다.

2 ERP와 종합 업무 패키지
공통 데이터베이스의 유무로 결정되는 ERP 도입의 의의

◆ **업무횡단적인 계획·실적 데이터베이스야말로 ERP의 본질**

ERP(Enterprise Resource Planning)는 '통합 업무 패키지'라고 불리는 것이 일반적이다. 통상 수주, 판매 관리, 재고 관리, 생산 관리, 회계 등 기업의 기간 업무를 지원하는 정보 시스템 패키지로서 인식되고 있다.

그러나 ERP와 통합 업무 패키지는 서로 다르다고 생각한다. 더 정확히 말하자면, 'ERP는 통합 업무 패키지이지만 통합 업무 패키지는 반드시 ERP라고 할 수 없다'는 것이다.

ERP는 분명 기업의 업무 전체를 수렴하는 업무 패키지 소프트웨어이므로, 그런 의미에는 '종합 패키지'라는 이름이 들어맞는다. 그러나 ERP가 가진 가장 위대한 기능은 업무횡단적인 계획·실적 데이터베이스 제공에 있다.

소위 '통합 업무 패키지'는 개별 업무 소프트웨어를 한데 모으면 실현할 수 있다. 실제로 개별 업무 패키지 소프트웨어를 한데 모은 것에 지나지 않는 제품이 'ERP'라는 이름으로 팔리고 있다.

그러나 업무 시스템간의 데이터베이스 제휴가 이루어지지 않

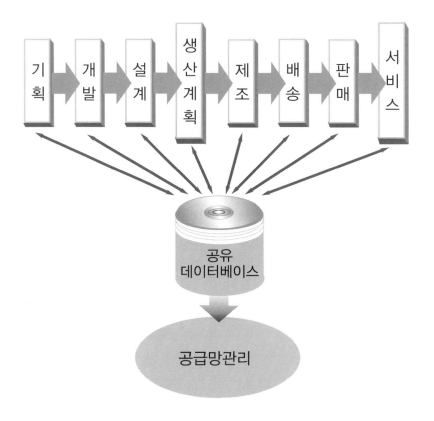

공유 데이터베이스를 가능하게 하는 ERP

기획 → 개발 → 설계 → 생산계획 → 제조 → 배송 → 판매 → 서비스

공유
데이터베이스

공급망관리

은 잡다한 것으로는 부문명 등의 마스터 항목 및 실적 데이터
를 공유할 수 없는 것이 실정이다.

SAP 등 저명한 ERP를 도입하고 있는 기업 중에도 업무횡
단적인 계획·실적 데이터베이스를 구축할 수 있는 기업이 얼
마나 있을까?

회계 업무나 생산 관리 업무만으로 ERP를 이용하고 있다면
잡다한 업무 패키지 소프트웨어와 별로 다를 바 없다. 오히려

장황한 기능이 많은 대신 회계 소프트웨어 등 업무 특화 패키지 소프트웨어와 비교하여 융통성이 없어서 불편하다는 생각을 하고 있지는 않을까?

ERP는 계획이나 실적의 공유 데이터베이스를 구축해 기업 전체 업무를 횡단적으로 바라보고, 보틀넥의 시의적절한 파악과 최적 의사 결정 지원 및 신속한 활동 지시 같은 자기 회사 내 공급망관리의 강화로 이어져야 비로소 의의가 있다.

또한 ERP가 제공하는 공통 데이터베이스는 글로벌 스탠더드에 적합한 것으로 업무 기능의 인터넷 연결과 맞물려서 자기 회사 내에만 머무르지 않는 기업간 공급망관리를 실현하는 것이다.

ERP는 상당히 비싼 제품이다. 그것이 단순한 업무 패키지 소프트웨어를 한데 모은 것으로 끝날 것인지, 업무횡단적인 계획·실적 데이터베이스의 구축으로 공급망관리를 실현하는 전략 IT가 될지는 크게 차이가 난다.

ERP의 도입이 기업 전체의 공통 데이터베이스 구축으로의 큰 진전임에도 불구하고, ERP를 도입하는 기업이 이를 인식하지 못하는 경우도 있다.

3 최고경영자의 관점에서 업무를 혁신하라
전체 최적이 아니면 ERP는 기능하지 않는다

◆ ERP 도입은 톱 다운(Top down)으로

제2항 'ERP와 종합 업무 패키지'에서도 말했듯이, 자기 회사 내 공급망관리의 강화로 이어져야 비로소 ERP를 도입한 의의가 발생한다.

그러나 ERP를 도입한 기업들이 대부분 이 의의를 달성하지 못하고 있다고 생각된다. 그것은 왜일까?

그 이유로는 ERP의 도입 방법에 큰 문제점이 있기 때문이다. 기업이 ERP를 도입할 경우 우선 회계 서브 시스템부터 도입하는 것이 일반적이다.

여기에는 회계 업무가 비교적 표준화되어 있다는 점, 업무 표준화를 추진하는 경우 중요한 판매 관리나 생산 관리 같은 기간 업무를 피하고 회계 업무부터 시도하고 있다는 점 등의 이유를 들 수 있다.

그러나 앞에서도 말했듯이 회계 업무만 시스템화하는 것이라면, 기업 전체의 업무 통합을 최종 목적으로 하는 ERP보다는 회계 패키지 소프트웨어를 도입하는 편이 가격도 저렴하고 기능적으로도 만족스런 경우가 많다.

톱 다운이 아니면 ERP는 성공하지 못한다

경영자

경영자 주도의
톱 다운 접근 방식

정보 시스템(ERP)

부문　　　부문　　　부문

전체 최적의 관점에서 장해(bottleneck)를 해결

그래서 오히려 ERP 회계 서브 시스템이 일부만 가동하고 있는 상황은, 비용 효율 측면에서 장점이 적어지는 사태를 일으키게 된다.

ERP 도입은 경영자 수준에서 최고경영자의 관점에서 임하지 않으면 절대로 성공할 수 없다. 필자는 정보 시스템 구축 등 시스템 컨설팅을 기업에서 의뢰받으면, 이 장의 'IT 경영형 기업으로의 비약'에서 서술한 '정보화의 제로점 확립'을 반드시 실행하려고 했다.

'제로점'이란, '왜 정보 시스템을 구축하는가' 등 기업이 앞으로 추진해 나가야 할 IT 기본 전략을 의미한다. 이것이 불명확하면 프로젝트 활동 자체가 흔들려서 원하지 않는 시스템이나 사용하지도 않는 시스템이 만들어지기 때문이다.

ERP의 경우라면 '왜 ERP를 도입하는가', 'ERP를 이용해서 무엇을 하고 싶은가', '반드시 해결해야 할 문제는 무엇인가' 등의 물음에 대한 해답에 대해 최고경영자 이하 전사적 차원에서 인식이 일치될 필요가 있다.

비록 어려운 일이기는 하지만, 올라야 할 산의 정상이 보이면 선택해야 할 루트나 장비도 분명해지는 것이다. 그러나 가장 위험한 것은 등산 중에 목표로 하는 산을 바꿔서 루트를 변경하는 것이다. 운 좋게 조난을 피해 정상에 올랐다 하더라도 아무도 기쁨을 느끼지 못할 것이다.

◆ '정보화의 제로점'을 정한 후 ERP를 도입한다

ERP의 특징이 기업 전체의 공통 데이터베이스 구축과 사내외 업무 제휴에 있다는 것만 이해하면, 프로젝트 리더는 경영자적 관점에 입각한 톱 다운 접근 방식으로 추진해 나가야 한다는 것을 분명하게 인식할 것이다.

회계 서브 시스템의 도입 작업을 회계 부문에만 맡기는 것은 잘못이며, 기업 전체적인 관점에서 자기 회사의 회계 업무를 ERP에 맞출 수는 없는지 생각해야 한다.

자기 회사의 회계 룰에 ERP를 맞추기 위해 자기 회사의 독자성을 지나치게 강조하는 ERP를 도입함으로써, 본래의 ERP 도입 의의를 상실하는 사례가 자주 보이는데, 그것 또한 '제로점'을 확실히 정하지 않았기 때문이라고 할 수 있다.

최고경영자 스스로가 '왜 ERP를 도입하는가'라는 제로점 전략을 명확히 정하면, 목표로 해야 할 정점이나 올라야 할 루트가 분명해진다. 제로점만 확실하면 중간 지점으로서의 개별 업무 시스템 구축도 정점을 지향하기 위한 거점으로서 캠프 지역이 되므로, 결국 거기서 모든 식량이나 연료를 다 사용하는 일은 없을 것이다.

4 표준화에 대한 오해
기업의 독창성을 최대한 살려라

◆ **ERP의 '표준화'란?**

ERP를 도입할 경우 또 한 가지 주의해야 할 것이 있다. 그것은 바로 '표준화'가 가진 의미이다.

표준화의 추진이라고 해서 반드시 독창성(Originality)을 없애라는 말은 아니다. 기업의 업무 중에는 표준화를 강화해야 할 부분과 독창성을 강화해야 할 부분이 있다.

다시 말하면, 모든 업무를 ERP에 맞추기를 바라는 ERP 패키지 소프트웨어는 이상하다. 즉, 전체적으로 추구해야 할 모습은 ERP에 의해 표준화 된 업무 체계 속에 있으며, 개별 업무 부문에서는 독창성이 실현되게끔 한다.

예를 들어 상품 정보나 고객 정보 혹은 영업 실적 등은 ERP에서 일원적으로 데이터베이스 관리되면서, 동시에 영업 부문이나 마케팅 부문에서는 ERP상의 데이터베이스를 토대로 독자적인 조사 정보를 부가하거나 독자적인 활용 애플리케이션 소프트웨어를 활용하는 것이 적절하다.

공유해야 할 정보나 통일시켜야 할 업무는 일원 관리하고, 독자성이 높은 정보나 업무는 개별적으로 구축하여 홀로 고립

'제로점'에서 업무 혁신의 정점까지 오르는 형태로 ERP를 추진한다

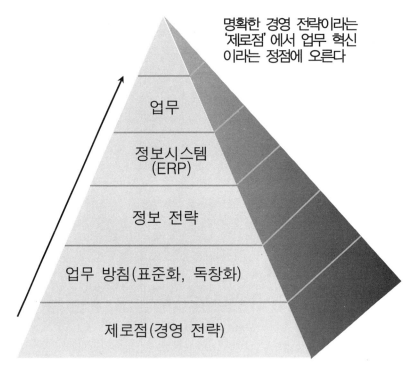

명확한 경영 전략이라는
'제로점'에서 업무 혁신
이라는 정점에 오른다

업무

정보시스템
(ERP)

정보 전략

업무 방침(표준화, 독창화)

제로점(경영 전략)

'제로점(경영 전략)'이 불분명하면 IT 경영은 흔들린다

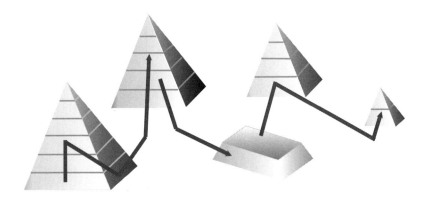

되는 일이 없도록 네트워크 제휴를 꾀하는 것이 바람직한 모습이다.

사내 정보나 업무 표준화의 여부 판정은 아주 어려운 경영판단이다. 각 사업 부문마다 간접 업무 부분을 두어야 하느냐, 아니면 영업 업무를 통일화해야 하느냐, 고객 정보를 공유해야하느냐 등 일괄해서 말할 수 없는 명제도 있다.

그러나 경영 전략이나 정보화 기본 전략 등 자기 회사의 동일 목표인 '제로점'을 확립하면, 전사적 최적 선택이라는 관점에서 논의할 수 있게 될 것이다.

'제로점'을 확립하지 않은 기업에서 담당자가 교체될 때마다 표준화 우선과 독창화 우선과의 사이에서 IT 경영이 흔들리는 것은 당연하다.

5 프로젝트 추진에 꼭 필요한 프로젝트 매니저
경영자 혼자서는 프로젝트를 추진할 수 없다

◆ IT 도입 프로젝트 매니저의 자질

IT 도입이나 기업 혁신을 추진해 나가기 위해서는 프로젝트가 필요하다.

여러 명의 선수로 구성된 조정 경기에는 노를 젓는 선수가 아닌 조타수 한 명이 타고 있다. 그는 선수의 상황, 대전 상대의 동향 등을 관찰하여 적절한 지시를 선수에게 내리는 중요한 역할을 맡고 있다.

기업에서 이러한 역할은 매니저가 수행해야 한다. 전원이 선수가 되어버리면 지금 어느 지점을 통과하고 있는지, 선수 중 누가 문제가 있는지 아무도 깨닫지 못하는 상태에 빠져버릴 위험이 있다.

사장이나 부장이 직접 영업에 참여하는 것도 좋지만, '매입이나 자금 문제가 발생해도 깨닫지 못하고, 깨달았을 때는 이미 늦었다'는 것으로 모든 일이 끝나지는 않는다.

프로젝트에도 조정 경기와 마찬가지로 전체 작업 추진 상황을 주시하고, 발생한 문제를 신속하게 인식·대응할 수 있는 해결책을 마련해 관계자에게 재빨리 지시하는 프로젝트 매니저

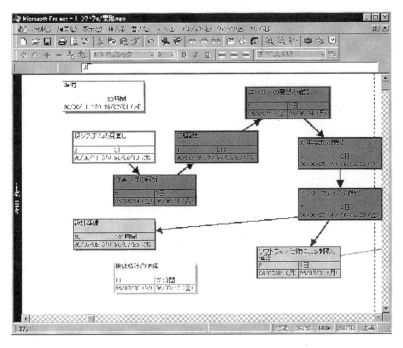

각 업무 경로를 한눈에 파악할 수 있다

(Project Manager)가 절대적으로 필요하다.

 기업의 혁신을 추진해 나가기 위해서는 사내외를 불문하고, 프로젝트의 최종 목표를 이해하고 그 실현을 위해 근시안적이 아닌 경영 감각을 가진 적임자를 프로젝트 매니저로 임명해야 한다.

 결코 'IT에 밝고' '열의가 있다'는 것만으로 임명해서는 안 된다. 프로젝트 매니저에게 필요한 능력은 IT에 관한 직접적인 기술이 아니라 어디까지나 관리 능력이다.

◆ 프로젝트 관리 소프트웨어가 지원

프로젝트 매니저를 지원하는 IT로서 인원 배치 등의 계획 입안이나, 작업 추진 관리 또는 작업 종료 시기 예측 등 프로젝트 관리를 지원하는 소프트웨어로 프로젝트 관리 소프트웨어가 있다.

지금까지 프로젝트 관리 소프트웨어라고 하면 고가여서 쉽게 구입할 수 없었다. 그러나 마이크로소프트의 MSProject는 가격도 저렴하면서 아주 강력(앞쪽 화면 참조)하다.

MSProject에서는 각 멤버의 작업 내용을 관리하고 그 추진 상황을 실시간으로 공유할 수 있다. 또한 통상 프로젝트 관리는 워드 프로세스나 표 계산 소프트웨어로 선형 계획표를 작성하는 수준의 일이 많은데, 구성도에 의한 크리티컬 패스(critical path : 프로젝트 중에서 가장 시간이 많이 걸리지만 반드시 실시해야 하는 작업 경로)의 파악이 가능해지며 스케줄 지연의 원인을 사전에 알 수 있다.

6 KJ법과 브레인 스토밍
어떻게 해야 문제점을 해결할 수 있는가?

◆ **문제점의 잠재화를 막으려면**

IT에 의한 업무 개선을 꾀할 경우 의외로 문제가 되는 것이 사내의 현행 업무에 대한 인식 차이와 문제점 파악이 전사적 관점에서 체계적으로 이루어지고 있지 않다는 것이다.

똑같은 문제를 사장과 부장은 다른 요인 때문이라고 생각하고 있거나, 사원이 문제로 생각하고 있는 것은 다른 부서와 조정하면 바로 해결되는 수준의 문제인 경우가 종종 있다.

조직은 인간처럼 환경에 순응하는 능력을 갖고 있기 때문에, 오랫동안 앓고 있는 만성병에는 부자연스런 대응 방법을 익혀 버리는 경우가 있다. 이런 문제점을 방치해 두면 환경이 바뀌었을 때 새로운 증상이 나타나서 큰 문제를 일으키기 쉽다.

도요타의 제조 라인에서는 '적어도 작업상 문제가 있으면 혼자서 해결하지 말고 라인 전체를 멈추도록' 지시하고 있다.

예를 들어 전(前)공정에서 건너온 상품 배열 방법이 자신의 작업에 불편하다고 해서 혼자 다시 배열해서는 안 된다. 문제는 전공정에 있는데 자기 마음대로 문제를 해결하면 문제점이 묻혀버려 그 원인을 찾아 개선할 수 없기 때문이다.

KJ법과 브레인 스토밍

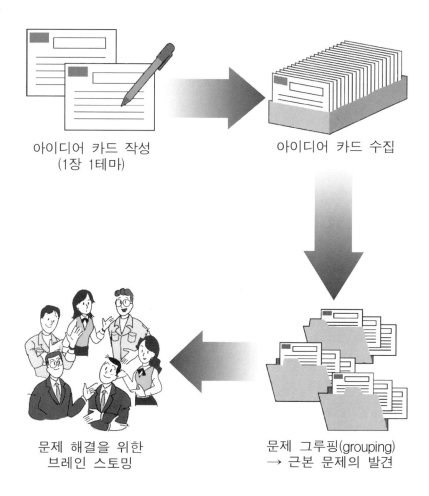

아이디어 카드 작성
(1장 1테마)

아이디어 카드 수집

문제 해결을 위한
브레인 스토밍

문제 그루핑(grouping)
→ 근본 문제의 발견

이와 같은 경우는 얼마든지 짐작할 수 있는 일이다. 사람은 타인과 다른 부서에 불평하는 것을 망설이는 경향이 있기 때문에 '사소한 문제는 스스로 대처하는' 경우가 아주 많다. 그 때문에 결국 기업 속에서 만성병이 도져 점점 커지는 것이다.

◆ 문제 발견을 위한 좋은 방법

그런데 이런 사태 발생을 피하기 위해서는 기업 전체가 현행 업무나 조직의 제약에서 벗어나 순수하게 문제 발견에 대처해야 한다.

KJ법과 브레인 스토밍(Brain Storming)은 이런 문제 발견을 위한 방법으로 아주 훌륭하다.

KJ법은 사원에게 메모 용지 정도의 종이 한 장당 한 가지 문제점을 무기명으로 쓰게 해서(하찮은 것이라도 몇 장을 쓰든 상관없다) 하나로 모은 후, 내용에 따라 그룹화하여 각 문제 그룹의 관련성을 분석해 나가는 방법이다.

현행 업무나 조직에 제약받지 않고 모든 문제를 모아 문제간의 관계를 분석해 나감으로써 진짜 문제점을 발견할 수 있는 것이다.

KJ법을 위한 전용 카드나 PC 소프트웨어도 시판되고 있지만, 메모 용지로도 충분하다.

브레인 스토밍은 어떤 테마에 대해 자유롭게 의견을 교환할 수 있는 회의다. 상사를 빼고 자유롭게 토론하게 한 결과를, 나중에 회의 전체의 토론 결과로 채택함으로써 자유로운 발상에 의한 아이디어를 얻는 경우가 많다.

이처럼 KJ법과 브레인 스토밍 등 자유로운 입장에서 발상한 업무 평가 방법은 IT 활용에 관계없이 기업 혁신을 위해 반드시 필요한 활동이라고 할 수 있다.

7 그룹웨어에 의한 정보 전달과 의사 결정
충분한 의사소통을 통해 최적의 해결책을 찾는다

◆ 도입 기업이나 시스템 구축업자 모두 일체화된 프로젝트로

새롭게 IT를 도입할 경우, 특히 새로운 정보 시스템을 구축하려고 할 경우에는 사내 및 개발업자가 관계자와의 충분한 의사소통을 확보하는 것이 중요하다.

IT 도입업자나 개발업자가 사내 특정 이용자와만 협의하여 작업을 추진해 나가는 가운데, 도중에 다른 이용자로부터 주문이 들어와 예산이나 도입 스케줄에 문제가 발생하는 불행한 경우가 적지 않다.

또한 같은 이용자라도 계속 같은 생각을 한다고 할 수는 없다. '한번 의논했으니까 충분하다'고 생각하지 말고 항상 의사소통을 하는 것이 중요하다.

IT에 의한 기업 혁신을 실현하고자 한다면 기업 규모에 따라 차이는 있지만, 자기 회사에 유례없는 새로운 도전임에 틀림없다. 따라서 사내 이용자나 관계업자 모두 같은 목적이나 목표를 가진 프로젝트 구성원으로서 가장 훌륭한 해답을 찾아내려는 자세가 필요하다.

처음 몇 번의 협의만 하고 나중에 업자에게 맡긴다고 될 리

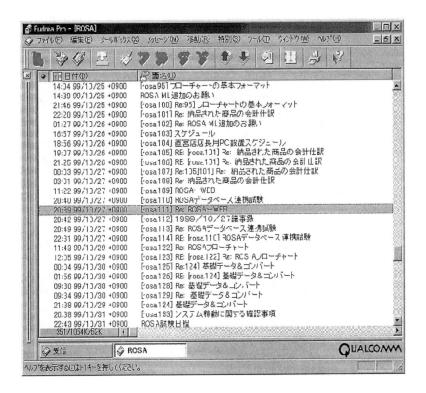

는 없다. 하나의 프로젝트팀으로서 계획, 설계, 개발, 평가 등의
작업을 협력해서 추진해 나가야 한다.

◆ 메일링리스트를 정보 공유 수단으로 활용

일체화 된 프로젝트를 추진하기 위해 필수적인 것이 바로 그
룹웨어라는 IT의 활용이다.

인터넷에 대응한 그룹웨어이면 스케줄의 공유 외에도 전자
회의, 문서 데이터베이스, 미결 업무 관리 등을 사외업자나 관

계자간에도 실현할 수 있다.

필자가 참가하고 있는 프로젝트에서는 인터넷상의 메일링리스트에 의한 정보 공유를 실시하고 있다.

메일링리스트(Mailing-list)라면, 관계자가 인터넷의 메일 주소만 갖고 있어도 전자 회의의 실현이 가능하며 매일 질의 응답이나 의견 교환을 할 수 있다(앞쪽 화면 참조).

8 업무 분석은 데이터 중심 접근 방식으로 한다
업무 흐름보다 데이터가 더 보편적이다

◆ **업무 시스템은 흐름이 아니라 전표 데이터를 토대로 작성**

보통 업무 시스템을 설계할 경우 업무 흐름표를 만들어 흐름을 분석한다. 그러나 정보 시스템 설계에서 가장 중요한 것은 업무 흐름이 아니라 업무 데이터 체계이다.

판매 관리 시스템만으로 제한해도 많은 서브 시스템이 존재하며, 나아가서는 재고 관리와 사내의 다양한 업무 기능이 서로 제휴해 나간다. 기업 안에서 다양한 업무가 전체적으로 제휴되고 있는 것이다.

각 부서에서 기장되는 경리 전표를 수집함으로써 재무제표가 작성되도록 정보 시스템도 다양한 전표 데이터를 컴퓨터상에 만들어서 사람이 했던 업무 기능을 대행하는 것이다.

컴퓨터상에서 실현하는 전표 수집이 데이터베이스이다. 컴퓨터를 도입하지 않은 기업이라도 업무가 효율화 되어 있는 곳에서는 전표를 잘 설계하고 있다. 컴퓨터를 이용할 경우에도 가장 중요한 것은 전표를 설계하는 것, 다시 말하면 데이터 중심 사고이다.

업무 흐름은 필요에 따라 바꿔나가야 한다. 일부의 사람이

●는 핵심 역량 업무, ○는 아웃소싱해야 할 업무

데이터 분류 \ 비즈니스 프로세스	경영계획	자금	제품	부품	부품표	매입처	원재료	제품재고	설비	장치	기계	작업지시	순서	고객	판매활동	수주	원가	종업원	급여
경영계획	●	○	○						○						○		○	○	○
경영관리	○	○													○				
조직관리	○																		
자금계획	○	●	○						○									○	○
자금조달		○																	
시장조사			○												○				
수요예측	○		○											○	○				
제품개발			●	●	○														
제품사양 관리			○	●	●	○													
발　주				○		●										○			
수　입				○		○	○												
재고관리							●	●	○							○			
작업순서			○									●							
일정계획			○			○						○	●	○					

생각한 업무 흐름을 토대로 개발된 정보 시스템에서는 몇 년 지나지 않아 현 상황과 맞지 않게 되거나, 새롭게 필요해진 전표를 작성하기 위한 데이터를 갖고 있지 않는 경우가 발생한다.

◆ 업무 리엔지니어링에도 보편적인 것은 데이터이다

업무는 항상 리엔지니어링해 나가야 한다. 최신 IT는 앞으로 실시간 네트워크로 사내외 업무를 직결하여 기존의 상식을 뒤집는 비즈니스 모델을 만들어 나갈 것이다.

기업 업무에서 본질적이고 보편적인 것은 데이터이지 업무 흐름이 아니다. 오히려 업무 흐름은 TOC 이론의 전체 최적에 의해 개혁되어 나가야 할 것이다.

이상의 사고에서 새롭게 시스템 구축을 시작하는 기업에게 먼저 데이터 체계에 대해 정리할 것을 제언하고 있다. 앞쪽의 표는 정보 아키텍처 혹은 업무 모델이라고 불리는 것으로, 기업 업무의 본질을 분석하기 위해 반드시 필요한 것이며, 그 기업의 핵심 업무(가치 창조 부분)와 외부에 아웃소싱해야 할 가치 비창조 부분을 발견하여 제휴에 의한 가치 네트워크를 검토해 나가는 출발점이기도 하다.

9 최신 컴퓨터로 차별화 한다
IT 기기는 고성능의 것을 이용하라

◆ '도구의 차이에서 지는' 것만은 피하라

PC는 세무상 고정 자산으로 취급되고 있으며, 6년간의 감가 상각이 요구되고 있다. 하지만 현실적으로는 도그 이어(dog year)라고 불리는 기술 혁신 속도에서 3년 정도의 대체 수요가 발생하고 있다고 생각된다.

리스의 경우에는 100% 경비 계상이 가능하며 세무상 유리한 도입 형태이지만, 장기간 동일 기종의 제품에 묶여 있기 때문에 이미 진부화 되어 있어서 소프트웨어 신제품을 이용할 수 없다는 문제가 발생하는 경우도 있다.

PC 소프트웨어가 몇 년 동안 별로 바뀌지 않고 제공하는 기능도 고정적이라면, 하드웨어가 아무리 고성능화 된다 하더라도 단기간에 대체할 필요는 없다. 그러나 실제로 PC의 성능 향상과 함께 소프트웨어도 해마다 기능이 향상되고 있으며, 경우에 따라서는 사용하고 있는 PC의 종류에 따라 업무 수행 능력에 큰 차이를 발생시키고 있는 경우도 있다.

지금 수년 전에 도입한 PC가 있다면 최신 PC가 가진 기능에 대해 조사해 볼 필요가 있다. 도구로서의 PC 능력이 현저

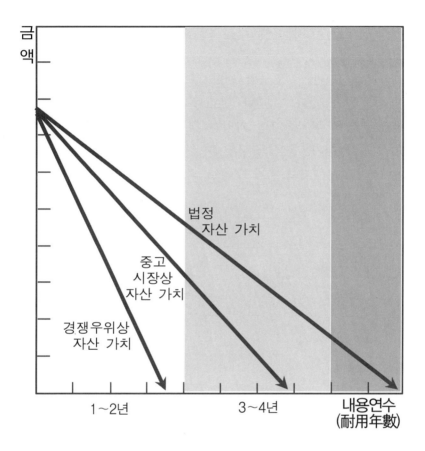

PC의 자산 가치

금액

법정
자산 가치

중고
시장상
자산 가치

경쟁우위상
자산 가치

1~2년　　　　　3~4년　　　　내용연수
　　　　　　　　　　　　　　　　(耐用年數)

히 향상되어 있을 가능성이 높다.

　특히 노트북 컴퓨터의 진화는 두드러진다. 몇 년 전 모델에 비해 처리 속도는 물론 무게나 화면 크기, 탑재 모뎀의 통신 속도도 크게 향상되어 있다.

　구형 PC라도 잘하면 활용할 수 있다고 조언하는 사람도 있다. 분명 구형 컴퓨터를 활용할 수 있는 경우는 아직도 많이 남아 있다. 그러나 구형 도구를 버려야 할 시기가 있는 것도 분명하다. 게다가 PC는 성능과 기능이 향상되면서 가격은 갈수록 저렴해지고 있다. 현실적으로도 몇 년 전 PC와 비교할 경우 새로운 PC가 10배나 가격이 싸며, 성능 또한 10배나 우수하다.

기업간 경쟁에서 도구의 차이만으로 승부가 결정되는 것만큼 시시한 일은 없다. 그러나 반대로 경쟁회사보다 앞서서 더욱 진보된 IT를 장착한다면 기업간 경쟁에서 보다 우위를 차지할 수 있을 것이다. 물론 도구를 사용하는 인간의 능력이 충분히 있어야 한다는 것이 전제 조건이 되겠지만 말이다.

10 일원형 사원에서 기관형 사원으로
핵심 역량을 익혀라

◆ **IT가 변화시킨 업무 수행 방법**

우수 기업이 필요로 하는 인재는 주어진 권한과 책임에서 자기가 가진 능력을 최대한 발휘하여 성과를 올리는 가치 네트워크 지향적인 자립형 사원이다.

상사에게서 하달된 명령만 따르는 일원형 사원이 아니라, 스스로 생각하고 스스로 행동하는 독립기관형 사원이 요구되고 있는 것이다.

그러나 인터넷의 등장으로 개인의 근무 환경까지 변했다. 'SOHO(Small Office Home Office)'는 자택이나 작은 사무실에서 일하는 독립 사업자의 대명사가 되었다.

하지만 본래는 기업 내 사원이 회사에 출근하지 않고 자택에 컴퓨터와 인터넷만 되면 일을 할 수 있는 상황을 가리켰다. 실제로 기업의 영업 담당자나 경리 담당자 등 회사 책상에 앉아 있어야 할 수 있는 일이 점점 더 줄어들고 있다.

업무상 정보가 전자 매체로 바뀌어감에 따라 컴퓨터가 없으면 일을 할 수 없게 변하고 있다. 그리고 컴퓨터의 업무 비율이 높아지면 높아질수록 인터넷을 경유한 SOHO 가능성도 높

사원의 관계가 바뀐다

기관형 사원 네트워크 조직

일원형 사원 피라미드 조직

아진다.

SOHO는 출퇴근도 없고 업무 시작 시간이나 근무 시간도 무의미하다. 시간 사용법은 사원 각자가 생각해야 하며, 보수는 성과에 따라 지급된다.

◆ SOHO는 사무실 근무 형태까지 바꾼다

사무실에서 근무하는 사원에게 성과주의가 적용되고 있다.

연봉제의 등장으로 기업 내 사원과 SOHO와의 차이도 희미해졌다. 정직원이든 아니든 성과를 올릴 수 있는 인재가 아니면 기업은 필요로 하지 않는다.

가치 네트워크에 취약한 기업이 설 자리가 없어지는 것과 마찬가지로, 세일즈 포인트가 없는 사원도 설자리가 없어지는 상황이 나타나고 있다.

'제시간에 출근해서 실수 없이 상사의 마음에 들도록 처신한다'는 샐러리맨의 이미지는 이제 더 이상 존재하지 않는다.

일류 기업에 들어가고 싶다면, 혹은 자기 회사를 일류 기업으로 만들고 싶다면 사원 스스로가 독립기관형 사원으로 변해야 한다.

영업 담당자라면 판매사 자격을, 경리 담당자라면 부기를, 총무 담당자라면 사회보험노무사 자격 취득을 목표로 하는 등 자신이 핵심 역량화해야 할 기술을 연마함과 동시에 자기 회사를 외부 사람보다 더 잘 이해하여 회사 내 최고의 파트너가 되어야 한다.

그럴 때 기업과 사원 관계도 공급 사슬이나 가치 네트워크의 하나가 될 것이다.

• 지은이 ─ 스기우라 츠카사(杉浦 司)

리츠메이칸(立命館)대학 경제학부·법학부, 교토 컴퓨터학원 정보처리학과를 졸업했으며, 현재 칸사이학원대학 대학원 상학(商學)연구과 재학중이다.
시스템 분석가, 시스템 감사 기술자, 애플리케이션 엔지니어, 네트워크 전문가, 데이터베이스 전문가, IRCA(ISO 9000) 품질 시스템 심사원 등의 자격을 갖고 있다. 교토 경찰, 다이와총연을 거쳐 스기우라시스템컨설턴트 사무소를 운영하고 있으며, 중소기업사업단 정보화 추진 고문 외 IT 관련 자문을 하고 있다.
주요 저서로는『앞으로 시작될 PC 통신』,『실천 그룹웨어』,『시스템 컨설턴트가 되는 책』등이 있다.

• 옮긴이 ─ 황동언(黃童彦)

1965년 경남 창녕에서 태어나 서울대학교 경제학과를 졸업했다.
서울대학교 경제학과 박사 과정을 수료했으며, 대통령자문 21세기위원회 연구원, 현대경제연구원 등을 거쳐 현재 현대모비스 기획실에 근무중이다.
주요 저서로는『제조업의 디지털 경영 전략』(현대경제연구원 공저),『대기업과 벤처기업의 협력 방안』(고대 경제인회 고우경제),『M-커머스 시대의 도래와 대응』(지식경제리포드),『전자상거래를 통한 기업 경쟁력 강화 방안』(지식경제리포트) 등 다수가 있다.

IT 경영 전략

제1판 제1쇄 찍음   2002년 1월   5일
제1판 제1쇄 펴냄   2002년 1월   10일

지은이   스기우라 츠카사
옮긴이   황동언
펴낸이   이영희
펴낸곳   이미지북

등록번호   제2-2795호(1999. 4. 10)
주   소 서울특별시 강남구 논현동 193-8(우창빌딩 2층)
대표전화   483-7025,   팩시밀리 483-3213
e-mail ibook99@chollian.net / ibook99@korea.com

ISBN 89-89224-04-7   03320

e비즈니스 경영

딜로이트 토마츠 컨설팅 / 딜로이트 컨설팅 코리아 옮김

**딜로이트 컨설팅이 제시하는
e비즈니스 경영 전략의 결정판!**

새로운 e비즈니스 모델 창출의 필요성을 느끼는 기업인들에게 '경영 관점에서의 길잡이가, 그리고 e비즈니스에 흥미를 갖고 있는 모든 사람들에게는 e비즈니스 전반에 대한 이해와 동시에 넓은 시각을 제공해준다.

e비즈니스

아더앤더슨 / 아더앤더슨코리아 옮김

**e비즈니스 전문 컨설팅회사 아더앤더슨이 정의하는―
e비즈니스 전략 · 모델 · 세무 · 법무!**

e비즈니스란 무엇인가', e비즈니스가 기존 비즈니스에 미치는 영향, e비즈니스의 전략 구축의 실제, e비즈니스의 경영 전략과 리더십, e비즈니스 인사 전략, 급여 제도, 버추얼 인사 시스템, e비즈니스의 재무 · 세무 · 정보 시스템 전략, .e비즈니스의 리스크, 세무 · 법무에 관해 해설한다.

비즈니스 모델
특허 전략

시바타 히데토시 · 이하라 도모히토 / 김욱송 옮김
감수 ▶ 신양환 ('정직과특허' 대표 변리사)

**비즈니스 '찬스'가 되고
'위협'이 되기도 하는 BM 특허!**

인터넷 광고, 역경매, 원클릭 쇼핑 등… 여러 분야에서 출원되는 비즈니스 모델 특허의 기본 지식부터 특허화 방법, 앞으로의 과제까지 비즈니스를 제패하는 핵심을 해부한다.